守望者
The Catcher

光华2007年在香港中文大学读博时，我认识了她，她是刘笑敢教授带的博士，也是我的《庄子》课程的助教，学习认真，常有新思。2010年她到中国人民大学国学院任教，又做了一年多我的研究助理，帮我整理书稿，2014年我们一起合作了《庄子解读》这本教材。转眼12年过去了，看到她的《庄子》视频课很受欢迎，为她高兴。这本书有她自己独特的观察、感悟与思考，呈现了一个活泼泼的庄子，值得一读。

今天是国学发展的好时代，光华有哲学的专业训练，读过中国古典文学、比较文学、中国哲学三个专业，一直致力于道家研究，视野开阔，不落窠臼。在学术研究的基础上，她用心讲课，传播道家思想，既立足文本，又不失灵气，相信能给很多人带来启发。

陈鼓应

2019年6月30日

如何在当代重新打开《庄子》文本？一个女性如何来阅读《庄子》文本？她如何从日常的生命经验出发来让深奥的古典文本具有当下的可感受温度？林光华博士的著作找到了她自己个人的方式。她既在学理上紧扣《庄子》文本，又从容自如地带入现代的各种解释学问题意识，更主要的特点还在于带入生命经验的解悟。从其标题《放下心中的尺子》就可以看出，光华试图让《庄子》鲜活的思想，不落入任何死板的立场，从而可以把一切成规的道路与标准加以解构，让我们学会重新看待我们的经验与处境，让现代人在个体经验与天地境界之间找到新的连接与转化通道。光华用通识教育的讲解方式，针对当下流行的各种现象进行发问与反思，既敏感又准确，从而形成了个体的语法与生命的格言，让我们感受到《庄子》的古典智慧在当下依然还有着巨大的启发性，值得我们去阅读与倾听！

夏可君

2019年7月2日

EMBRACE INNER FREEDOM

A MODERN INTERPRETATION TO *ZHUANGZI*

放下心中的尺子

《庄子》哲学50讲

林光华／著

中国人民大学出版社

·北京·

目　　录

摘　要

第一讲　逍遥游，怎么游

《庄子》极富现代精神，无论是其自由、平等的思想，还是其对人的物化、异化的批判。《庄子》对中国文化与人格有三点影响：第一，生动有趣的灵魂；第二，追求自由的精神；第三，超越功名的境界。这三点，对今天人的生活依然具有启发意义。

第二讲　大鹏孤独吗

古人仰望星空，究竟发现了什么，让他们在精神上飞升，义无反顾；让他们脚踏大地，越过众人。哲人不孤独，哲人在写孤独。从柏拉图到《周易》，从海德格尔到克里希那穆提，洞察逍遥背后的孤独，孤独背后的力量。

第三讲　对不理解的理解

逍遥是时间与空间的格局，从无尽的时间与无垠的空间去看问题，将自己放进时空的坐标系中，外物就微不足道了，心就变宽了。思想家尸子如何定义宇宙？科学家丁肇中如何看待暗物质？李白笔下的黄河之水如何流成时间？高飞大鹏如何面对小鸟的嘲笑？

第四讲　别人的点赞没那么重要

为什么君王拥有世间的一切，却不是最高的逍遥？为什么拥有越多，越不自由？庄子笔下的能力、道德、威望完胜的君王，为什么只是逍遥的第一个层次？宋荣子为什么要笑他们？

第五讲　中国式超人

三种自由各依赖什么条件？快餐时代，深积厚养如何可能？缩略时代如压缩饼干，营养到位，却索然无味。鲲鹏寓言的三种启示，最大的启示在心有“天池”。叛逆不是个性，只有前行所达到的境界，能代表你的个性。

第六讲　与宇宙取得联系

至人无己，无己不是没有自我，而是没有尺子。你在用什么尺子量别人？又在用什么尺子量自己？无用之用，是不从常规的角度去看事物，实用主义会阻碍人的眼光与格局。符合正道的成功才是真正的成功。为什么欲望太多不好？因为凡事有阴必有阳，所有的快感都有它的负面，欲望多则天机少。

第七讲　加法求知，减法修心

人生最高峰在你停止的地方。知止为什么是一种智慧？无为不是不为，而是没有什么做不好。断舍离的道家式生活方式是一种时尚。缺失的终结，带来富有的空虚。今天生活的问题是满脑子都是事，我们与宇宙失联太久了，禅修是与宇宙重新取得联系的方式之一。

第八讲　无用真有用

无用之用是多元角度看问题的智慧与真性情的展现，这是精神之用、心灵之养。从实用主义到钱理群提出的“精致的利己主义”，高效时代我们丧失的是生命过程。做不实用、无用而热爱的事，是大用。适应社会不意味着牺牲自我，如何把对抗的力量转为自我实现。

第九讲　放下手机，立地成佛

庄子讲的大葫芦的故事，是心物关系。无何有之乡，不是乌托邦，而是心中什么也不装，一切重要的美好的东西才能朗现。有才好，还是无才好？庄子选择才与不才之间。才与不才之间不是中庸，更非滑头，而是“动善时”。“一上一下，以和为量。一龙一蛇，与时俱化”，道尽出处进退的智慧。

第十讲　我们不一样

古琴中的三籁。诗、音乐，是如何产生的？我们还会感物生情吗？万物自然的状态是什么样？天籁落在人身上是如何美？艺术境界不在于技术，而在于你是否表现了个性。为什么同一支古琴曲每个人弹出的味道都不同？天籁、地籁、人籁是对个性的尊重。

第十一讲　吾丧我的存在感

吾丧我，吾是谁？我是谁？耦是农业社会的耕作方式，是阴阳思维的生活基础。对象化的思维是什么？庄子如何超越二元论，走向了非对象化？与物合一，形神俱忘，还有“我”吗？骑驴找驴，只要去找，就不见道。打乒乓球、骑自行车，是技中有道，道而忘技。

第十二讲　焦虑，你躲过了吗

儒墨有啥可争？为什么庄子不辩？辩是焦虑，是日以心斗。你有过无梦的睡眠吗？为什么孩子与高僧很少做梦？人要苍老，如何心不老？机械时代，如何累事不累心？如何能不产生机心？为什么朋友圈会带来人格分裂？我们如何卸下自己的面具？

第十三讲　辩论怎么了

为什么一定要把别人辩输？人生八苦，哪些苦是人为造成的？成心是什么？每个人都有成心，如何不走向偏执？偏执障目，很难自见。了解庄子眼中知识的四个层次。为什么今天流行宫斗剧？批判等级制度的你把自己放在了哪个等级？平等原则离高尚还太远，并且解决不了实质问题。

第十四讲　诗意和远方在哪里

有语言吗？语言在表达什么？人与动物的区别在语言，还是在道德？为何言不由衷，言不尽意？又为何能言而尽道？盲人摸象，道隐小成。西是什么意思，与夕有何关联？中国文化为什么气断根未断？为什么解构主义要从语言开刀？为什么诗意不在远方？你讲着什么样的语言，你就是什么样的人。

第十五讲　阴阳的新平衡

一切都有阴阳，阴阳的玄妙在哪儿？什么是一阴一阳之谓道？史湘云和翠缕如何讨论阴阳？为什么史湘云说阴阳不能

“都是些阴阳”？阴阳如何在琴、棋、书、画中体现出来？为何古琴的泛音、散音、按音就是天、地、人？为什么生与死是一？为什么临终关怀要从每一个当下做起。

第十六讲　六十分的人设也很棒

齐的关键是中道思维，得其环中，以应无穷，超越是非对立，超越二元论的思维。齐是非，如何能不生活在概念中？每个人都有阴暗面，都不完美，为什么在婚姻中会苛求对方？契约式婚姻、合同式婚姻、自由式婚姻、朋友式婚姻，哪种能让人摆脱婚姻的困境？不设人设又如何？60 分的人生也未尝不可。

第十七讲　朝三暮四的猴子

朝三暮四是什么意思？猴子的烦恼在于有比较，所以痛苦。为什么庄子认为成也是毁？现代精细的学科划分有什么弊端？道通为一如何打破二元对立？与孔子的“叩其两端而竭焉”的思维相通。比较是二元思维，也是分别心。人的魅力在于个性、特点、热爱与创造了什么，而不是与人比较你高在哪里。

第十八讲　成功的失败

很失败地成功了，成功得非常失败，为什么？昭文终生鼓琴，陶渊明家只挂无弦琴，谁更得音乐的本心？热爱的事是否要变成职业？热爱一样东西，是否要终生沉浸其中？庄子最有魅力的是超越的心带来的平衡的智慧。成功，是拿别人的尺子量自己，更残忍的是拿自己的尺子量自己。你放下心中的尺子了吗？

第十九讲　放下心中的尺子

成功，是拿别人的尺子量自己。自己心中也有一把尺子量别人。尺子本身没有错，要看怎么量。最高的境界是不量。丽姬之哭：变化、得失与生死。境随心转，安住当下。

第二十讲　最伟大的造梦师

庄周梦蝶的三层含义：物物转化、生死转化、真假合一。蝴蝶是人的一个梦，人也是蝴蝶的一个梦。天地与我并生，万物与我为一。万物原本是一个整体。从莎士比亚到全息生命理论专家刘丰，看看他们怎么说。醒与梦，真与假，没有判定的标准，只有当下构成。

第二十一讲　庄周梦蝶的回响

真极如幻，假极如真。贾宝玉与甄宝玉同时存在，但不在一个时空。庄子的梦在《红楼梦》中如何书写？贾宝玉与甄宝玉为何互相梦到？庄子的梦在《盗梦空间》中如何得到呼应？如果让庄子来写《盗梦空间》的结尾，又会怎样？你生活在哪一重梦里？你的生活是否足够真实？你是否找到了判断生活真假的那个陀螺？你敢面对真实的自己吗？

第二十二讲　打通心灵的任督二脉

为什么庄子反对求“知”？“知”是什么意思？学海无涯苦作舟，苦在哪里？“学而时习之，不亦说（悦）乎”，说（悦）在哪里？缘督以为经，是身体的督脉吗？追求好的东西，同样不能太过，为什么？小人殉利，大夫殉家，圣人殉天下，何事不是殉？生命不应耗费在任何执着上，那用来干吗？有求必苦，无欲则刚，如何对待欲望？

第二十三讲　人性何来善恶

“为善无近名，为恶无近刑”是什么意思？为何说与《老子》第二章完全呼应？孟子性善论的合理之处在哪里？为何道家主张超善恶的人性论？人性能否用善恶的二元框架来看？做恶事的真正原因是什么？如何从小教给孩子对错误的承担？

第二十四讲　庖丁解牛用的是什么刀

庖丁解牛这个故事是什么意思？为什么是解牛，不是杀牛、宰牛？刀比喻什么？牛比喻什么？如何由技入道？如何能把心修到没有厚度，游刃有余？范蠡的启示，乔布斯禅修的启示，北岛《失败之书》的启示。

第二十五讲　安命是一种逍遥吗

庄子为什么写了 9 个畸人形象？庄子认为哪八样是人的命运？安命与宿命有何不同？事之变，命之行，命不可改而运可改，因此庄子的是积极的安命。最大的命运是死亡。如何安顿死亡？庄子本人如何安排后事？自然的生命观，逍遥的存在感，与佛家因果有何不同？安命不问因果，是大虚无，也是大智慧。

第二十六讲　自由是最大的笼子

泽雉寓言的寓意是什么？养生是养什么？笼中之鸟代表生活富足，但精神不自由；空中之鸟代表精神自由，但生存无保障。如何平衡生存与自由的关系？有至少 6 种选择：1. 做笼中之鸟；2. 做空中之鸟；3. 先做笼中之鸟，再做空中之鸟；4. 先做空中之鸟，再做笼中之鸟；5. 一会儿做空中之鸟，一会儿做笼中之鸟；6. 自己做笼子，别人做笼子里的鸟。

第二十七讲　人在世间的两大枷锁

庄子认为人生无法逃避的两件事是什么？命是亲子关系，

义是上下关系。庄子的孝与孔子的孝有何不同？舜为什么成为儒家大孝的典范？父母恶之，劳而不怨，为何舜能做到？庄子为何主张“忘亲”？忘亲易，使亲忘我难，为何亲情也会相爱相杀？

第二十八讲　我拿什么拯救你

别的国家混乱，国君昏庸，要不要去救？孔子与颜回的七问七答。为何要假托孔子与颜回来讲话？道不欲杂，道修好了再救国，还是英勇救国而殉道？为何需要重读鲁迅的《记念刘和珍君》？像庄子一样地隐，是乱世不得已的选择，还是真的看空后的逍遥？

第二十九讲　善行得到恶果怎么办

孔子为什么劝颜回不要去救卫国？夏桀为何要杀关龙逢？“百姓最大的痛苦不就是君王最大的快乐吗？”关龙逢一语道尽古代极权的本质。纣为何要杀比干？内圣首先要处理好色欲。忠臣之善带来恶果，如何正确地运用善？儒家的“以直报怨”与老子的“以德报怨”哪个好？为什么要从小教给孩子三个寓言？

第三十讲　如何让气柔下来

庄子借颜回之口提出“心斋”，道家最重要的功夫。耳、心、气三个层次，对应感性、思性、混沌三个层次。气的层次，混沌一体，无感性、理性之分。专气致柔，能如婴儿乎？婴儿是以混沌之眼感受混沌世界，比我们完整、生动。现代人正在把元气强化、硬化、单一化、干瘪化。

第三十一讲　为什么晚上要吃块冰

为什么朝受命而夕饮冰？庄子如何回答官场焦虑？为什么事情做成了仍有阴阳之患？什么是阴阳之患？屈原、陶渊明、王维与苏轼，四种应对官场焦虑与仕隐出处的途径。

第三十二讲　如何与恶人相处

颜阖要给恶劣的太子当老师？怎么做才能保全自己？卫灵公的太子蒯聩是个什么人？如何顺从他又不被同化，引导他又不被发现，高于他又不被嫉妒，劝导他又不被怀疑？庄子本人是如何做的？《说剑》篇是教科书级别的谏上案例。

第三十三讲　再说无用之用

散木与文木，散人与常人，无用与有用，什么是无用之大用？成功学带来焦虑，还是焦虑催生了成功学？成功是用社会的尺子量自己，这个尺子永无止境。怎样不被别人的尺子量，也不用别人的尺子量自己？看克里希那穆提《爱与寂寞》对现代人的分析。

第三十四讲　狂人的肺腑之言

支离其形，实为支离其德，不是反道德，而是不被社会的尺子量。楚狂接舆与孔子的对话，是道儒的对话。儒道同源，而非对立，只是角度不同，应对方法不同，一个以入世的方式出世，一个以出世的方式入世。孔子称老子为龙，楚狂接舆称孔子为凤。一道一儒，龙擅变化，凤擅高飞，成就了中国文化的基因。

第三十五讲　以不变应万变

是什么让庄子对这些形残貌丑之人如此倾心？与楚地巫术文化的关系？写形丑是为了忘形。他们精神的魅力在哪，何以胜过颜值？看颜值是人的生物本能，看精神是人的神性光辉。为何王骀能做到以不变应万变？不变的是内在的清醒与定力。为什么我们常常犯鲁侯养鸟的错误？

第三十六讲　走出颜值时代

庄子以德超越颜值，简·爱以情超越颜值，杜拉斯以才超越颜值。为什么很多漂亮的人要整容？好看的皮囊千篇一律，有趣的灵魂万里挑一。人有两个灵魂，如何在动物性与神性之间平衡与超越？灵性的成长更耐得住时间。岁月从不败美人，灵魂的美会因岁月流逝而更加隽永。

第三十七讲　比脚更尊贵的东西

全德之人是什么样？庄子批评的不是孔子的仁义礼智信，而是异化了、虚伪了的仁义礼智信。最大的德是对生死的超越。死，就是从一个梦到另一个梦。能量没有消失，形式发生转变。庄子的梦，挑战我们理解力的界限。没有开始，没有结束，那是什么样的维度？

第三十八讲　命运中的八件事

“事之变，命之行”与“五十而知天命”有生存经验上的关联。庄子的安命论与古希腊的宿命论有何不同？为什么说孔子是“圣之时也”？孔子如何待时，又如何安命？为什么说庄子是积极地安命，郭象是消极地安命？安命是否是逍遥的前提？你看到自己的命运了吗？

第三十九讲　什么是真的健忘

庄子是无情的人吗？庄子与惠子是什么关系？如何看待庄子过惠施之墓的感叹？无情是不以好恶内伤其身，真情如何又能不伤身心？庄子的无情在魏晋玄学背景下如何发展？王弼的圣人不为情累是何意？太上忘情如何做到？先秦道家的无情，魏晋名士的钟情，到《牡丹亭》《红楼梦》中的情感至上，各有何意义？

第四十讲　道是无情却有情

庄子“忘”的功夫有几层？忘功名、忘自我、忘亲人、忘礼乐、忘情。如何不为亲情所累？“相濡以沫，不如相忘于江湖”的江湖是什么？与克里希那穆提的相通之处在哪儿？为什么当我们说“我爱你”的时候其实是“我想占有你”？爱情中的不快乐感根源在哪儿？为什么克里希那穆提说爱情是一种祝福？

第四十一讲　吾爱真理，吾更爱真人

庄子爱真人，胜过爱真理，与古希腊相反。什么是真人？什么是天？什么是人？什么叫天人不二？真人不逆寡，不雄成，不谋事，如何做到？如何看待成功？为什么无梦的睡眠是最高的睡眠？重读朱自清《匆匆》，领会时间的含义与真人的无时间境界。

第四十二讲　无梦的睡眠

真人为什么对生不喜悦，对死不恐惧？真人为什么情感和情绪是与四时合拍的？如何与大自然一起呼吸？离开大自然，还有诗词吗？真人如何做到安时而处顺，哀乐不能入？为什么庄子不主张为任何东西殉身？与儒家杀身成仁、舍生取义有何不同？

第四十三讲　相濡以沫，不如相忘于江湖

相濡以沫，是儒家式的爱情观；相忘于江湖，是道家式的爱情观。相忘于道术则无二元对立。庄子自身如何对待情感？妻死鼓盆而歌，如何解读？自然死亡观如何理解？相忘于江湖的自由式爱情是何种爱情？鲁迅的《伤逝》中的自由恋爱为何以悲剧告终？

第四十四讲　说不清，道不明

《庄子》内七篇中唯一一段正式谈论道的，“夫道，有情有信……”，为什么道可传而不可授？与《老子》道论有何关联？为什么工具性的语言无法表达道？道的非对象化特征与庄子展开道的特殊方式。宋代女尼悟道诗分析，为什么对象化的思维找不到春天？

第四十五讲　化为弹弓去打鸟

庄子对人生四个阶段的归纳。庄子的死亡观，如何能将生死视作身体的一个部分？莫逆之交典故的来历。庄子为何托孔子、子贡的对话来讲生死？庄子为什么反对儒家的礼？葬礼是如何变得虚伪化了的？

第四十六讲　为什么要反礼俗

孔子与颜回关于孟孙才越礼的故事。母亲去世，孟孙才哭都没有眼泪，颜回认为不符合礼。情为什么要用礼规约？自然之情是否应为礼的根基？庄子自身的葬礼是什么样的？子舆是另一个畸人形象。与《德充符》呼应，子舆是如何安命的？面对不能改变的事，是安然接受，还是耿耿于怀？

第四十七讲　坐忘究竟忘什么

心斋、坐忘是庄子最重要的功夫论。如何形神俱忘？如何忘外物？忘，不是失去自我，而是内外打通，不为物役。与《老子》第四十八章的“为道日损”比较，了解道家在思辨与身体两个层面上的功夫。“撄宁”，是在纷扰复杂的现实中保持宁静的心，隐于朝、隐于市，比隐于林更难。

第四十八讲　最好的管理是自律

《应帝王》篇提出内圣外王的思想，即郭象说的“明内圣外王之道”。庄子的内圣与《老子》的德篇的关联。看庄子如何反极权，侯王以“一己”的意志制定“经式义度”的危害。最好的管理是最少的管理，调动人自律自治的能力，与老子的无为思想一致。为什么少数服从多数的原则有问题？

第四十九讲　像伺候人一样伺候猪

列子带巫师季咸见壶子。壶子一层一层展示出他最高的功夫境界，列子得到了启发，很惭愧，开始认真修行，竟然这修行就是回到质朴。没有分别心，伺候猪像伺候人一样恭敬。什么是分别心？圣人用心若镜，神秀与慧能的镜子喻，二者的相通性。现代政治内圣与外王是分开的，这是最大的问题。

第五十讲　浑沌的天性凿不得

浑沌，即混沌，是什么意思？从宇宙整体到个人天性。与老子宇宙论的关联。如何保护孩子的天性？道家在教育上的启示：把孩子从起跑线上拯救出来，把孩子从手机中拯救出来，把孩子从压抑中拯救出来，把孩子从虚荣中拯救出来，把孩子从“爱暴力”中拯救出来。

第一篇 《逍遥游》

第一讲　逍遥游，怎么游

老子是道家的开山，庄子把老子的道具体化，真正放在生活的各个层面展开，对中国人的人格和文化精神的影响都非常大，让道家精神在人的身上全面绽放。具体可以概括为三个方面：

第一，生动有趣的灵魂。

网上有句流行语："好看的皮囊千篇一律，有趣的灵魂万里挑一。"在看颜值的时代，有趣的灵魂确实越来越少了。庄子的逍遥是自由自在、真实自然的状态。老子说："道法自然。"(《老子·第二十五章》) 自然，简单说就是不装。人一不装，就生动了，就有趣了。生动就是没有条条框框，不死板，顺应自然，该说说，该笑笑。有趣就是展现出自己的真实面貌、真实性情、真实喜好。为什么《红楼梦》里贾宝玉一出来就有戏，就有事，就好玩？因为他不装。第一次见林妹妹，林妹妹说自己没有玉，他不是显摆一番自己的富贵与特别，而是伸手就把玉摘下来摔在地上了，还来了句“神仙似的妹妹也没有，可知这不是个好东西”。这背后就是真实的心情，平等的姿态。卸下面具，看一切都是平等的。曹雪芹吸收了庄子的思想，贾宝玉非常爱读《南华真经》，即《庄子》，应该也是曹雪芹自己的写照。一个小孩子和一个捡废品的老爷爷都能聊到一起去，这就是因为不装，不装就平等了，可爱了。

大家肯定遇到过各种能装的人，在高铁上、地铁上，那些高声打电话的，好像都在谈一个亿的生意。鲁豫曾经采访《非诚勿扰》的主持人孟非，问他在公共场合最讨厌中国人的行为是什么，他说最讨厌那些一打电话就在谈一个亿的生意的人。我前几天聚会，有个朋友说，他天天被各种能装的人包围着，有的说在中国开了 8 个迪斯尼，有的说一星期融资了 3 个亿，以至于他都不相信身边还有人说真话了。真，真的很可贵。道家是最贵真的。

第二，追求自由的精神。

《逍遥游》开篇就是一个鲲化为鹏的寓言，那么鹏究竟是什么？是一种大鸟。我们小时候写毕业留言，常常写“祝你鲲鹏展翅，扶摇直上九万里”。常言道，燕雀焉知鸿鹄之志？大鹏、飞鸿、大雁、老鹰，乃至中国人喜欢的凤凰，这些天上飞的动物，都是自由的象征。为什么鹏被用来象征自由呢？

鹏是楚地人崇尚的一种玄鸟，庄子家族与楚地有密切的关系，杨义先生在《庄子还原》中认为，庄子的家族原在楚地，后来败落，流亡到了宋地，在今天的河南。《庄子》中有大量关于楚地风俗的记载。东方部落崇尚玄鸟，《诗经·商颂·玄鸟》记载："天命玄鸟，降而生商。"商契的母亲就是因为吃了玄鸟的蛋而生下契。

玄鸟，即凤，凤是风神，后演变为鹏。宋玉等楚地大作家都写过鹏这个意象，宋玉是个美男子，文字也美，他说："鸟有凤而鱼有鲲，凤皇上击九千里。"楚人崇凤，在楚民俗中，鸟是灵魂的寄身。崔豹在《古今注》中说，楚魂鸟又叫亡魂鸟。据说楚怀王与秦昭襄王曾在武关相会，楚怀王被秦国囚禁在咸阳，最后死在了秦国，后来他的灵魂就在寒食月夜回到楚地，化而为鸟。楚庄王也曾以鸟自喻，说："三年不蜚，蜚将冲天；三年不鸣，鸣将惊人。"

因此，鲲鹏的寓言是主张灵魂的自由的。心灵不被束缚，这极大影响了中国文人的人格，像大家熟悉的陶渊明、李白、苏轼、李贽、八大山人、曹雪芹，到现代的鲁迅、李敖，身上都有这种叛逆的天真之气和追求自由的豪迈之情。在小说和影视剧里，大家就更熟悉了，像《天龙八部》里的段誉，《射雕英雄传》里的老顽童，《还珠格格》里的小燕子，《仙剑奇侠传》里的李逍遥，都是道家风格的人物，率真，自由，个性鲜明，所以可爱。

第三，超越功名的境界。

冯友兰先生提出过人生有四个境界：自然境界、功利境界、道德境界、天地境界。道德境界主要是儒家的，儒家主张“立德、立功、立言”三不朽，这里面有功与名的追求。做道德家，主要也还是为名。道家则是完全的天地境界，就是《逍遥游》里提出的最高段位的人——圣人、至人、神人。他们无己、无功、无名，也就是中国式的“超人”。这当然很难达到。一些游客游山玩水，所到之处都要留名，“某某某到此一游”，啥也没做，都要在古迹上留下大名，你看人的名心有多重。天地境界就超越这些了，享受纯粹的精神自由，无为而无不为，随缘自在。

以上这三个方面是庄子《逍遥游》奠定的基本精神，我们可以概括为：自然、自由、自在。这就是“游”的精神。

《逍遥游》可以穿越时代与当下对话。现代人的生存现状与社会心理是什么样的呢？以色列的学者赫拉利写的《未来简史：从智人到智神》，成为世界畅销书之一，英国《泰晤士报》称它是 2016 年最好的书。赫拉利是牛津大学历史学博士，大学教授，1976 年生，很年轻，妥妥的学霸。很多学生反映说，看了这本书感觉人生都没什么意义了，所有的价值观都被解构了。为了“拯救”学生，我也买来阅读。书中确实有些观点让人很受刺激，譬如作者认为未来只有1%的人将完成下一次生物进化，升级成新物种，而剩下99%的人将彻底沦为无用阶层。我对学生说，没事的，庄子说无用之大用，我们为什么一定要完成进化呢?

赫拉利在《未来简史》中说：“我们一出生就签了现代契约，以成功为目的，鼓励人追求更高更多，这并不难，因为人性中就有贪婪。”成功的焦虑背后是欲望的膨胀与内心的不安。它不是真正的成功，他追求的成功不是自己内心真正想要的，而是被动的、被迫的，被裹挟在人群中，按照适者生存的法则走，去取得大家认同的所谓的成功。这种急功近利的成功带来的也必然是人际关系的紧张与人情的淡薄。

刚开学时，我在电梯里遇到一个陌生人，她问：“你是这栋楼里的老师吗?”我说是。她说加个微信吧，掏出手机就准备加我微信。直奔主题，什么都还没来得及交流，就要加你的微信，因为她觉得你有用。

在物竞天择、适者生存、优胜劣汰这样的理论下，人与人之间的生态关系会变得功利，每个人都是小心保护自己、奋不顾身向前冲的竞赛者，他不会真的关心这个世界和他身边的人，自己也深陷孤独之中。成功者也永远惴惴不安，因为他只要有一刻不努力，那个宝座就不是他的了。

印度有个哲人，叫克里希那穆提，他被公认为是20世纪最伟大的灵性导师，美国《时代》周刊称他为“20世纪最伟大的五大圣者之一”，被佛家学者认为是现代龙树，当代的涅槃阿罗汉，他写了很多治愈系的哲学书。胡因梦曾翻译过他的传记，还翻译了他的《点亮自性之光》《超越时空》《心的对话》等。胡因梦作为台湾红极一时的明星，李敖的前妻，为什么不当明星而当作家？为什么老了还那么优雅？为什么经历各种谩骂都能一笑而过？因为她很有智慧，智慧的女人不会一直啃老本，不会一辈子靠脸，而是修心，修智，修灵。

克里希那穆提有一本书叫《超越孤独》，他说今天成功的人心里却是孤独与破碎，他说未来至少50年我们还将生活在贪欲与野心中。这就是庄子在《齐物论》中讲的“与物相刃相靡，其行尽如驰而莫之能止”。这样以身心健康为代价的成功其实是一种自欺欺人，是另一种失败，是庄子说的“小成”，不是“大成”。

第二讲　大鹏孤独吗

《逍遥游》开篇就是一个大鹏飞起的寓言故事。鲲与鹏是两种生物，鲲本来是鱼子的意思，很多人可能没有看过，非常小，庄子却把它写成了一条大鱼，大到难以想象。“北冥有鱼，其名为鲲。鲲之大，不知其几千里也”，北冥也就是北海，生活在北海里，不自由，因此“化而为鸟”，转化为大鹏。这个“化”字非常重要，是第一次自由的放飞。当感到不自由的时候，要学会转化，努力转化。化，是一种蝉蜕，要脱去一层皮的，从一个不自由的自己，向自由前进一步，这需要积累，需要勇气，需要观念上的裂变，而且没有人能帮到你，改变内心只能靠自己。

要获得逍遥，化是第一步。大鹏更大，背部就有几千里。

“怒而飞”，怒，通“努”，即奋起而飞，努力向上飞，翅膀像天边的云。大家可以想象一下天边一块大大的如翅的云。我2005年在台湾阿里山看日出，凌晨三四点穿个军大衣，在那等日出。刚开始，青色的天边就出现像翅膀一样的云，又像一把大扫帚，把天庭扫了一遍，蓝色的尘埃条分缕析地躺在天边，纹丝不动，静到无声。你要去想象，庄子的目的是一开始就把我们从琐碎的日常生活中带离出去，去用心感受。太阳像一下子跳出了天际，非常惊艳，我当时的感受是，人是天地间偶然的产物，在辉煌壮丽的天空面前，人几乎是多余的。你就知道古人为什么喜欢观天了，中国人观天产生了《周易》，古希腊人观天丰富了古希腊哲学，当然，两种哲学的气质非常不同。古希腊的泰勒斯有一天走路只顾看天了，掉到了井里，农夫看到了（也有说女仆看到了），笑他说：“你地还没看清，怎么看起天来？”中国的伏羲氏是“仰则观象于天，俯则观法于地……始作八卦”（《周易·系辞下》）。我们没有一个类似柏拉图的“理念”的概念，中国注重的是天人合一，阴阳合一，形而上与形而下的两层是打通的，不是二元论的，所以更和谐。大鹏飞起来，也要看看地的，庄子说：“其视下也，亦若是则已矣。”就是从上面看下面，从下面看上面，不同视角，但天地一体。重要的是拉开视野，拓宽视野。大鹏飞起，不是为了与人间隔离。这是庄子人生观的写照，“独与天地精神往来”，有独立的精神，但是

“不敖倪于万物，不谴是非，以与世俗处”（《天下》），又能平等看待万物，不对抗，不争论，不陷入是非之争中，与世俗能很好地相处。这是在理想与现实、精神与世俗之间平衡的智慧。

光有转化的智慧、云气的积累还不够，大鹏要选一个时机，一鼓作气飞到南冥，这个时机就是“海运”，也是下面说的六月的大风。风吹海动，借助这个势飞起来。势，也是一个成功的重要因素。

大鹏飞起时，看到的景象是“野马也，尘埃也，生物之以息相吹也”。云气蒸腾，生机勃勃，但什么也看不清楚。它思考的问题是：“天之苍苍，其正色邪，其远而无所至极邪？”天的本色是什么？天外还有什么？空间是无尽的吗？我们坐飞机，飞机起飞的时候，看到田园、建筑物渐渐变小，然后进入苍茫的天空，看到的景象与庄子差不多，但是我们会发出这样的疑问吗？庄子问的不是一个物理学问题，而是人的问题，我们自以为懂得很多，但我们看到的真的是真相吗？这是一个真假的问题。我们在无极的宇宙空间中，如何准确地安放人的位置，这是一个心态的问题。庄子对真相、真理永远怀疑而探究下去，最后戳破一切人为制定的标准，一切社会约定俗成的常规，一切欲望的牢笼，这就是大鹏朝向自由而飞的过程，不断面对，不断超越。把自己放在一个浩瀚的天空下，没有外援，全靠自己，它的孤独在于此。这是一条每个人只能独自面对的道路，就像独自面对自己的死亡一样，你绕不过去，也骗不了自己，这才是真正的成长，成功只是成长过程中的一些标签。

看到大鹏不辞劳苦地往九万里的高空飞去，蜩与学鸠笑之曰："我决起而飞，枪榆枋，时则不至，而控于地而已矣，奚以之九万里而南为？"蜩是蝉，学鸠是斑鸠，笼统说就是小鸟，它们只能飞到树那么高，所以不能理解大鹏怎么能飞到九万里的高空。这一"笑"字，庄子多次提到，便别有味道了，不理解，所以有嘲笑的味道。小鸟比喻众人。你是否看到了自己与众人的不同？或用牟宗三的话说，你有没有从众人的日常状态中"挺立"出来？

德国哲人海德格尔在《存在与时间》中提出生存的"平均状态"，"平均状态"首先描绘出什么是可能而且容许去冒险尝试的东西，它防止任何挤上前来的例外，任何优越状态都被不声不响地压住，一切原始的东西都在一夜之间被磨平为早已众所周知之事，一切奋斗得来的东西都变成唾手可得之事，任何秘密都失去了它的力量。而本真的人具有本真性，他们要从"众人"状态中出来，面对真我，做出决断。

大鹏飞那么高干吗？灵魂的自由有那么重要吗？它果真能到达吗？小鸟以自己的经验去推理，否定了大鹏。当它嘲笑别人时，其实是在自我安慰，自我打气，刷自己的存在感。大鹏对各种嘲笑很理解，所以，它一心一意往高空飞。

第三讲　对不理解的理解

逍遥，是站在什么样的空间和时间看问题，这是思维方式上的打开。

古代诗人一到大的空间面前，比如登山临水的时候，就诗兴大发，文思泉涌。大家想过为什么吗？李白说："君不见黄河之水天上来，奔流到海不复回。"（《将进酒》）这是空间大场面，但下面突然来了句："君不见高堂明镜悲白发，朝如青丝暮成雪。"从空间转为时间，从黄河之大转向了人生之短。陈子昂的《登幽州台歌》同样如此，高台展开的是空间，"前不见古人，后不见来者"是时间。张若虚的《春江花月夜》也是如此，看辽阔天空一轮明月，想江畔何人曾初见。从空间到时间究竟是如何转变的？这一转变与逍遥又是什么关系？

对于小鸟的不理解，庄子不仅说出到达自由之地的艰难，准备工作的漫长，而且总结为一句很精炼的话：“小知不及大知，小年不及大年。”即小智慧的理解不了大智慧的；年岁短的理解不了年岁长的。庄子举的例子非常生动。只能活一天的虫子理解不了一个月是怎么回事，只能活三个月的寒蝉理解不了一年是怎么回事。这是关于“小”的举例。

再说这“大”，楚国南面有一棵叫“冥灵”的树，以 500 年为春，500 年为秋，它的一年就相当于我们的 2 000 年。也有说冥灵是一种龟，我们觉得好不容易熬到了年底，终于盼到了春节，这只龟活了 2 000 年才叹了口气说：“终于过年了。”我们七八十年的生命又如何能理解它呢？更何况其一年相当于我们的 32 000 年的大椿树？庄子举例的目的在于，感叹人们总是与活了 800 岁的彭祖相比较，不是很可悲吗！

站在无限的时间去看此生，去看问题，而不是只盯着同类去比较，变成攀比。否则，人生格局高不了，只有疲惫和心累。如果一定要比的话，就与天比，仰望天的高度，与天合一，过自然的人生，而非被别人牵着走，这就是大鹏。因此，庄子对别人的不理解也表示理解。人与人之间的不理解，或者说，人与人的境界不同，是因为站在不同的时间维度上来书写人生的意义，规划人生的历程。

那对于庄子而言，时间意味着什么？时间是一个阔大的眼，是大鹏的眼睛，大鹏不是站在此刻去生活，而是站在整个宇宙去看人类，站在整个的人生去看此刻。时间没有尽头，就像宇宙没有边界。早在先秦文献《尸子》中就有记载："四方上下曰宇，往古来今曰宙。"《尸子》是由战国时期著名的政治家、道家思想代表尸佼所著，他说的宇宙不是今天的宇宙，而是两个词：时间和空间。时间是对空间距离的测度，空间是对时间变化的承载，二者是合为一体的。所以一个人在广袤的空间下会突然感到生命的短暂与渺小，这个平时可能感受不到。

从空间到时间的转化是我们内在意识的作用，庄子在大时间的想象中，让我们重回天际，去感受生命的短暂，从而把人放在一个谦卑的位置上，展开所有的思想。把自己关联到宇宙的命脉中去，而不是一个个孤岛，这才谈得上逍遥。逍遥是灵魂在宇宙时间中的漫步，从容寂静，我行我素，这也是后面说的"乘天地之正，而御六气之辩"。

理解了时间这个坐标，理解了人的谦卑的位置，才能理解庄子为什么喜欢用寓言，一举例子就是小动物。比如，监河侯不愿借钱给他，于是庄子讲了一条车辙里的小鱼的故事；惠施做了魏国的大官，怕庄子来抢他的官位，于是庄子又给他讲了一个猫头鹰和凤凰的故事；楚国派人来请庄子做官，庄子说我还是做一只乌龟吧……不只是因为那个时代的人离自然更近，信手拈来，能近取譬，还因为在庄子眼中，人与万物是没有本质差别的，“天地与我并生，而万物与我为一”（《齐物论》），我与万物是一体的，共生共息的。如果人把自己凌驾于万物之上，就无真正的思想可言。人在大自然中，与其他物只有形态的不同。庄子认为，一个遵循道而朝向逍遥的人，一定是把自己放在了时间的无尽与万物的一体中来生活的。

人别于物，在于有独立的精神，但人又是与万物一体的，没有什么可傲慢的，人与他人亦是一体，没有必要发生冲突，陷入是非，互相谴责。这样，有独立精神的人也照样与世俗相处。“我”与众人的区分不是君子与小人之分，而只是视野不同罢了。只看眼前的人，是很难找到生命的乐趣，很难安顿人生的得失，很难看到生命的意义的。

法国哲人波伏娃有一本小说《人都是要死的》，写了一个不死的人，他的同代人都死了，他却只能永远地活着。活着是他最大的痛苦，死亡是他最大的梦想。作者说，永生是一种天罚，死亡让活着有意义。之前有一部韩剧《鬼怪》也是一样，孔侑饰演的鬼怪在剧中活了快一千岁，看着身边的人一个接一个死去而独自痛苦。庄子的时间对比，更深的意义在于，人生短暂不仅不可悲，反而正是生命意义的来源。这个走向心灵自由的过程，也就是赋予生命意义的过程。

鲲化为鹏的故事，庄子一讲再讲，他借助汤与棘这两个人物形象的对话，又重复了一遍。商汤者，古之贤君也；棘者，古之大贤也。庄子的目的不在讲圣贤故事，而在提出哲学性的发问，汤问棘说："上下四方有极乎?"棘回答说："无极之外，复无极也。"空间有尽头吗？没有。无极之外还是无极。庄子要把我们带到这样的空间视野里，从空间的角度去阐发小大之辩。

2005年我去阿里山看神木，记得有的树2 000多岁了，还是活的，这种树生长缓慢，但是非常长寿，长得很大，据说是台湾最古老的树木，上面还长满了小草。目前世界上最大的树是雪曼将军树（General Sherman Tree)，在美国，高83.8米，有2 300～2 700年了。庄子为什么喜欢举大树的例子？比如无用之树，因为它们不仅时间久，而且体积大，与人形成鲜明对比，站在这样的树前，仅仅是一棵树，就照见了人的生命在大自然中的位置。据麻省理工学院的科学家丁肇中团队的研究，宇宙中能考察的物质与能量只占宇宙的4%到5%，剩余95%到96%是暗物质与暗能量，看不见的暗物质与暗能量恰恰是宇宙膨胀的原因。你看宇宙有多大，人再伟大，放在宇宙中也微不足道了。

《老子》第二十五章说："人法地，地法天，天法道，道法自然。"人只有体会到更大的空间，从更宽广的视野出发，才能看到人的生存应遵循的原则是什么，那就是道，是自然。这是庄子继承老子，并从未质疑过的唯一的存在。庄子展开了时间、空间两个维度，让我们在宇宙中安放自己，它是自由的，又是遵循道的。逍遥不是为所欲为，而是遵道而无为，无为无不为。真的遵循道了，就无为了，也就是不妄为了，这样也就没有什么为不成、为不好的了。这就是后面庄子讲的“乘天地之正，而御六气之辩”。

到这庄子才开始落实到人上，具体讲逍遥的不同次第境界。

第一个层次的人是君王，“知效一官，行比一乡，德合一君而征一国者”，这是多少世俗之人所向往的，拥有权力、财富与美德，这样的人逍遥吗？庄子说：未必。因为你拥有什么，在意什么，你就会被什么束缚住，拥有的东西越多，越身不由己。因为你会患得患失，得到的不想再失去；因为你要考虑大臣怎么想，后宫怎么想，百姓怎么想，等等。我曾经给企业总裁班上课，他们很多都在国外有分公司，家资有上亿的，我讲到庄子笔下“十步一啄，百步一饮”（《养生主》）的野鸡时，他们却感慨自己就是笼中的鸟。所以庄子列了第二个层次的人：宋荣子。

第四讲　别人的点赞没那么重要

宋荣子笑那些活得很累的成功人士，因为这些人的成功为名利所累，他自己能做到“举世而誉之而不加劝，举世而非之而不加沮”。全世界都赞誉你，你也不因此而更加努力；全世界都诋毁你，你也不因此而沮丧。庄子认为这是更高一层的逍遥。这不是任性，而是“定乎内外之分，辩乎荣辱之境”（《逍遥游》）。知道什么是自己内在的标准，什么是外物的标准；知道什么是真正的荣，什么是真正的辱。做到这一点很不容易。你每天发朋友圈，看到有人点赞，很高兴，就再发一条。每一个人都把阴暗面藏到后面，只给他人看精彩的一面，极大程度地获得关注和鼓励，浪费着元气和能量，也滋长着虚荣心和浮躁感。如果没人点赞，你还会发朋友圈吗？这就是人性。

我有一个朋友，大学时最大的梦想是买一辆摩托，觉得骑摩托特别拉风。后来读博了，我问他买了吗。他说没有，因为让导师看见在校园骑摩托飞奔不好吧。又过多年后，他到一所大学工作了，我又问他摩托买了吗。他说没有，现在同事都开车上班，我骑摩托上班，人家会怎么想。人生过半，这个青春时的小小梦想都没有实现，就是因为我们总是考虑别人怎么看。逍遥的第一步就是得知道什么是自己内在的需要，什么是外在的评价。如果你不能从社会普遍心理中挺立出来，去看清自己，就永远逍遥不起来。

庄子认为，一个人想做一件事情，根本原因是内心感到快乐，而不是为了别人的夸赞。夸赞是你做好一件事情的副产品。人无时无刻不生活在别人的意见与看法中，内心不为所扰，便是定力、定见。今天人的生活节奏快，互相带节奏，互相攀比，内心其实极其弱小，看别人做什么，自己就做什么：别人考研你也考研，别人出国你也出国，别人买房你也买房，别人买车你也买车，别人给孩子报班你也给孩子报班，等等。生怕自己落后，内心永远不安，这是社会的普遍心理。比如一个女孩到了该找对象的年龄不找对象，该结婚的时候还单身，就会被贴上“大龄剩女”“黄金剩斗士”“灭绝师太”等标签。如果内心不够坚定，为了世俗的眼光，放弃对爱情的原则，随便找个人嫁了，那才是人生的悲剧。很多人被竞争与野心牵着走了一辈子，没有停下来好好看看自己这桩生命是怎么回事。人生就变成了一个赚钱、花钱的重复劳作的机器，或者成了追求名利的工具，不曾认真地审视过自己，也不曾用心地观察过生活，说白了就是贪婪。

克里希那穆提在《超越孤独》中说："未来五十年或更多年我们还会被困于这种自私自利、野蛮粗暴的活动之中：野心、竞争、对威望的追寻、地位、权利、贪婪和嫉妒。"人只有从一切外在的标准、期待、要求中走出来，感受到孤独的自己，在孤独的状态中看透生命的真相，才会真的知道这一生如何去活，临终的时候才无怨无悔。也只有超越了外物的束缚与别人的评价，才真正是自由的，也才有所创造。一切创造都源于有一颗自由、自主的心。

我遇到过很多学生，他们所学的专业不是自己热爱的，而是父母为他们选的。什么专业热门，什么专业好赚钱、好找工作，就让他们学什么。结果他们每天上着自己不喜欢的课，特别痛苦和受折磨，整个青春就陪葬给不感兴趣的现在和看不见的未来了。等他们走出校园，这个专业可能就过时了。也有同学上我的庄子课，痛哭流涕，说感觉之前的人生都白活了，然后转系了，现在有两位同学都在欧美读博了。转系是要付出代价的，要跨专业学更多的课程，转成了还得退一级，比别人慢一拍。但他们暑假回国，再见到我时，脸上洋溢着那种气定神闲的表情，这就是对的选择，对的道路。

所以，按照自己的内心行事，不意味着孤立、小众，更不意味着失败。相反，只有按照自己的内心行事，才能走得更远，获得真正的成功，取得巨大的成就。因为我们做事是需要动力，需要燃料的，它只能源源不断来自你内心最真实无欺的愿望。荣辱同样有两个标准，别人的标准和自己的标准。别人的标准是很残忍的，因为它是忽略每个人的具体情况与个性的，是整个社会约定俗成的一把尺子。它之所以奏效，就是因为人是社会性的人，人行走在社会中，希望得到别人的认可与肯定。因此，只做大家认为荣耀的事，去争、去抢、去努力，得到的却不是自己真正需要的。哪怕做了帝王，他也会突然发现自己想要的不是天下。或者，他没有看到天下之外还有什么。庄子后面讲尧去见四子，就是四个隐居的神人，这四个人都是谁？大家可以读北岛的《失败之书》，那些看起来失败的人，他们恰恰深深认定这是自己应该走的道路。孔子周游列国如丧家之犬，老子失望之至无奈出关，庄子隐而著书常无粥米，他们都是那个时代别人眼中的失败者，却自以为荣。

列子也是道家的一个重要人物。本名列御寇，列子是后人对他的尊称。列子修道九年之后，能御风而行，常在春天乘风而游八荒。在《庄子》中多次出现，“列子御风而行”，“旬有五日而后反”。列子不是真的驾着风飞走了，这是一种气功境界的描述，列子应该是练气功时阳神出窍，游走于宇宙之间。据说他驾风行到哪里，哪里就枯木逢春，重现生机，很快活，这当然是后人附会的。他练气功，功力也只是支撑了十五天而已。因此庄子认为这样的自由也是有限的。

庄子这一段列举的三个案例——君王、宋荣子、列子的逍遥都是“有待”的，就是有条件的，有依赖性的。君王要依赖名位、财富、权力，宋荣子要依赖定力、辨别能力，列子要依赖身体的修炼条件。作为普通人，能达到这三个境界已经很不容易了。庄子之后还提出了至人、神人、圣人三个更高的逍遥境界，不依赖外物的无待逍遥。

第五讲　中国式超人

大鹏是奋斗的形象，是自由的象征。这象征着中国式超人，超越的人，而不是超能量的人。与美国的蜘蛛侠、钢铁侠不同，中国式超人的使命不是救助别人，而是先救助自己；不是能力上的超越，而是境界上的超越。达到自由的条件有：

第一，转化思维。前面讲大鹏飞到南冥的几个条件，隐喻人一步步走向心灵的自由。庄子并不消极，他给人指引了一条不断超越的途径，大家可以理解为境界上的成功。与今天的成功学不同，庄子所理解的成功的实质是心灵的自由。如果获得了名利，而心越来越不自由了，那不是成功，而是"倒悬"，就是人倒过来，是本末倒置的人生。

转化是思维上的转变。"化"是庄子的一个重要概念。庄子讲庄周梦蝶的故事时，将人与蝴蝶之间的互相梦见称为“物化”，明着写人与蝴蝶的相互转化，实际写生与死之间的转化。“化”是一种质的裂变，大家不要小看这“化”。它不是简单的身份的转化，矛盾的转化，而是脱胎换骨的精神上的蝉蜕，思维上的突破。鱼不自由，它可以到更大的海中，这是我们日常的思维。但庄子想到的是，鱼不自由，变成鸟就好了。直接脱离大海，生出翅膀，俯瞰天下，这个视野是鱼不可能具有的。这就好比从二维走向三维，是维度上的变化。

美国全息生命科学研究院首席专家刘丰说：“宇宙有很多维度，人也活在不同的维度上。”我们知道的是一维、二维、三维。我们看一个东西，二维地看，都是扁的，就是莎士比亚说的，在二维空间里，“我们所有人都在同一行字里”。三维地看，就是立体的，看到了以前永远看不到的面向，原来立体的这么丰富，这么美。我们看问题同样如此，鱼不管变多大，海不管变多大，鱼都在水中，变成鸟，就高出一个维度。刘丰说，在四维的状态下，看到的世界是由无数个三维组成的，而三维是由无数个二维组成的。在四维空间里，三维的所有开始、结束都被超越了，生与死也被超越了。庄子说的“化”也具有超越性。化，是一层一层突破局限，达到灵性上的更大的自由，而不只是空间上的。人与人唯一的不同是自由度，自由度越大的人越快乐，也越有创造性。当然，这个自由是要付出代价的。

自由的代名词是孤独。大鹏独自在天空飞，而且南冥那么远，遥遥无期，多么孤独。天上不会掉下自由的，天上掉下自由之前，先掉下孤独。

第二，深积厚养。我们的深度与能量是“养”出来的，一点一点，非常艰辛。我们今天是数据时代、信息时代，海德格尔说我们用的思维是“计算式思维”，一切都要计算清楚，这样才觉得做过了。有收获，才有安全感。比如学英语用“百词斩”，每天强迫症一样地走哪都在“斩”，它会不停地跳出来提示你已经会背多少个单词了，但实际上你用过多少单词呢？没人在乎。比如每天计算走了多少步，一万步，这是不是就代表我们运动了？很多人离中国人民大学并不远，开车来大学操场跑步，跑完再开车回去，却不愿意走着来或跑着来。很多本末倒置的事都很有意思。我们下载了很多书，关注很多公众号，可能根本不看，但满足了心理的占有感，占有了好像就拥有了，非常自欺欺人。最近无意间翻到一本书，叫《你只是看起来很努力》，作者是 90 后的作家李尚龙。他说：“看起来每天熬夜，却只是拿着手机点了无数个赞；看起来在图书馆坐了一天，却真的只是坐了一天；看起来买了很多书，只不过晒了个朋友圈；看起来每天很晚离开办公室，上班的时间却在偷懒。”

做这些事时，不是“养”，只是心理安慰。“养”是要走心的。新儒家代表人物之一的牟宗三先生说：“什么是境界？就是落到心上去，慢慢变成你的本质的那个东西。”（《老子道德经演讲录》）我们确实需要问一问，每天匆匆忙忙，什么东西落到我们心上了？雨水的凉，树叶的黄，夜晚的洒水车，清晨的鸟叫，山里的花香，四季的变迁，身边的人，远方的梦……《老子》第一章说：“无欲以观其妙。”所有走心的观照，不管是看书，还是看人，还是看景，都会生出妙来。当量化成为一种思维，现代人也就沦为注重表面的动物了。我的课上曾有一位旁听的医学专业的女士，她听我讲《老子》的道很气愤，说道又看不见，摸不着，考察不了，科学论证不了，有什么可讲的。我说空气也看不见，摸不着，您是不是可以不要呢？课后她跟我说，她连吃东西都要看看营养配比，钙铁锌含量，否则她都不吃。这就是心理上极其没有安全感，天天自己折磨自己的人。积累不是数字上的，积累是心灵的浅吟低唱，要慢慢涵养。信息、知识等等，都要经过心灵的过滤，才会变成我们生命中的一部分，甚至本质。庄子说，“且夫水之积也不厚，则其负大舟也无力”，“风之积也不厚，则其负大翼也无力”（《逍遥游》）。风、水的积淀，是时间的积淀，我们可以在短时间内达到极多的数量，但是没有用，就像催熟的水果不好吃，速成的鸡没有味一样，指标达到了，但没有酝酿。

第三，抓住时机。大鹏借助海水运行的气势往上飞，我们可以想象这是鱼化为鸟后的第一步，疼痛中带着快意，倔强中带着惬意，那是感动自己的一个举动。你有没有这种突破的瞬间？熬了很久了，终于自由了，你感觉这才是自己，这就对了。这种殊胜的人生体验，就是大鹏飞起的感受。

《老子》第五十一章说："道生之，德畜之，物形之，势成之。"势，是环境，是一切因缘际遇，是势态、情势、机会。我们常说机会是给有准备的人的。海水运行，大风兴起，大鹏乘势而飞……这确实需要有准备。今天这个时代，最不缺的就是机会，缺的是准备。今天人们总想走捷径，想用最少的付出获得最高的成效，那是商业思维，不是人生道路。今天引领年轻人价值观的是网红、偶像，看到有些人一夜成名，内心羡慕，就想复制这种成功的路径。结果往往都很短暂，付出少的成功必定是短暂的成功。所以，借势不是个问题，对势的理解才是个问题。在一次记者会上，有人问李宇春："你的成功能够复制吗?"她说："不能。"记者又问："为什么?"她答："因为没有人能够复制 2005 年。"势不是拼爹，不是人脉，它是一种机缘，一种环境，你要善于发现在这个环境中你能成就的事，它是天时、地利、人和。

第四，相信愿力。鲲为什么要化为鹏？鹏为什么要飞？因为它相信有天池，并且相信自己能达到，有这个心愿，才有可能达到。有大愿力，才有可能实现大的理想，一等人只做一等事。所以，大鹏不理会小鸟的嘲笑。心里有这个想法，这个想法一定就有实现的可能，要相信愿力是一切行为的关键。作家马明博先生有一本书叫《愿力的奇迹》，写游历九华山的感想，记录着自己的所到之处，思考佛与禅的奥秘。里面写到，如果你连飞的梦都不做，那就没有成功的可能了。相信自己的梦，发愿去达到人生更好的状态，这是一个人默默努力的动力，也是一个人战胜孤独的方式。这是一种精神，是一种意志，更是一种灵性。人有兽性、人性与灵性，当你发现自己有灵性的需要时，你想要飞的愿力就开始实现了。

大鹏飞起，在庄子这只是为普通人提供了一条逍遥的途径。他感叹即便像列子这样出神，精神遨游于宇宙，也依然是有依赖的，不圆足的。因此他紧接着提出了无待逍遥，即“至人无己，神人无功，圣人无名”。至人、神人、圣人，笼统地指道家最高的人格范型，就像儒家推崇尧、舜、禹这样的圣人一样，是一些智慧高、修行好的人。无己、无功、无名，很多人会说至人、神人、圣人的境界太高了，我们达不到，提出这个境界有什么意义呢？我想即使我们达不到，也可以接近的。即使我们不能接近，知道圣人是怎么做的，也是有启发的。理想国、乌托邦、大同世界，至今都没有达到，但思想的力量引导了每一个时代，去权衡利弊，看到一个好的社会与人生应有的方向。

儒家认为人人皆可为尧、舜，佛家认为人人都可成佛，只要你功夫做到了。道家也一样，庄子说“道在屎溺”。连最卑下的东西里都有道，就看你能否洞察。这些都是对人修行的鼓励。无已、无功、无名，这样的排列顺序是有深意的，庄子在后面举了具体的人物案例，顺序恰恰是从无名开始的。它们的境界略有区别，我认为是从高到低的，无己最难，所以先说。例子却是隐藏在很多人物身上的。

圣人、神人、至人，这是道家最高的理想人物，他们不需要具备外在的条件，但需要洞察天道的智慧。他们是一些天生悟性很高的人，不仅自己照着做，还把自己对天道的洞察写下来，像伏羲氏，像尧、舜、禹这样。庄子只属于自由的层次，算不上是圣人。圣人是无时不逍遥，无处不逍遥，不受物质条件、环境等的限制。具备这样的心境，就真的是超凡入圣的。

第一，圣人无名。庄子首先列举的是尧让许由的例子。尧看到了许由的魅力，人格的光芒，不吝用最高的词赞美他，说他像日月一样光明，而自己只是火把。这样低调的大王真的少见。将对方比作及时雨，而自己只是浇水的人。日月、及时雨都是用来形容最高的帝王的，可见庄子对许由这个道家人物形象的热爱。尧要把天下让给许由，令人大吃一惊的是许由拒绝了。就像《史记》记载的庄子拒绝了用重金、相位邀请他的楚威王一样。庄子拒绝楚威王的故事也可以展开说，这种典故是大家最容易接受的历史知识点：楚威王派人来请他，问他愿不愿意为相管理国家大事，庄子婉拒了。如果现在有位领导给你年薪百万，请你去做高管，很多人可能感恩戴德地去了。许由说，你治理得很好了，我为什么要代替你？这在今天，我们可能不会这么考虑的，来者不拒，没有来的，就争来、抢来，并认为那是我的本事，完全可以心安理得地挤走别人，甚至不择手段。这就是宫斗剧一直很火的原因。从《甄嬛传》到《延禧攻略》、《如懿传》，剧情都差不多，大家为什么还是喜欢看？因为喜欢看到人在竞争中胜利，有代入感。弱肉强食、适者生存，人只想要更多，没有想过放手、放弃。赫拉利说："要让人这么做并不难，因为人本性就是贪婪的。"

《阿凡提》中有个故事说，有一天一个财主掉到水里了，路过的人说："快把手给我，我救你上来。"这个财主说："不，我只会要别人的东西，不会给别人东西。"这是多么逼真的写照。摆在眼前的名利，许由都可以放弃，这样的人该多有定见。因为实为主，名为宾，他不想担这个虚名。如果说这个是境界的话，接着许由又给出了一个人生观的理由。他说："鹪鹩巢于深林，不过一枝；偃鼠饮河，不过满腹。"鹪鹩是通常说的巧妇鸟，许由说，这样的鸟在很深的林子里筑巢，需要的也不过就是一根树枝；偃鼠这种动物，渴了去河边喝水，也不过是喝满肚子，而不需要把一条河都喝进去。就像赵本山小品里说的："纵有房屋千万间，睡觉只需三尺宽。"这便是面对诱惑而能保持平静的心。

无名，就是哪怕你有这个实，都不能要这个虚名。马云在阿里蓬勃发展的时期宣布退居二线，在辞任 CEO 时说：“只有辞职，才能永远不被打败。”他曾多次向往退休的生活：“我想做慈善、想做老师、想做环保。世界如此美好，我为什么总是要作为阿里巴巴集团 CEO？我来到世界不是为了工作，而是来这个世界享受我的人生。我不想死在办公室里，而想在阳光沙滩上。”许由拒绝得还冠冕堂皇，说尧你虽然很低调，但我也不能不知好歹，越俎代庖的事我就不做了。

第二，神人无功。庄子接下来讲了藐姑射神人的故事。通过肩吾与连叔这两个虚构人物带出来。肩吾和连叔都为庄子笔下的虚构的体道之士。藐姑射神人为中国古代传说中的神话人物，被誉为掌雪之神。此人“肌肤若冰雪，绰约若处子。不食五谷，吸风饮露。乘云气，御飞龙，而游乎四海之外”，这是真正的女神，冰清玉洁，精神洒脱，更重要的是她可以做到“其神凝，目不疵疠而年谷熟”。她神情专注，可以使万物不生病、五谷丰登。这是莫大的功劳，但她隐居在山上，不居功，不自傲。这是神人无功。就是精神超脱的人只是在做自己能做的，而不是为了博取功名、邀功请赏。

藐姑射神人不食五谷，吸风饮露，就是辟谷。一个精神四处游走的人，根本不关心自己所做的事要带来什么影响，得到什么赞誉，获得什么回报。我们今天做什么都要署名，生怕不知道这件事是自己做的。即使我们还没有做的，或没有做好的，也要煞有介事地发个朋友圈，昭告天下我在做一件很重要的事。好像事事都没我不行，这就是求功之心。

功与名是联系在一起的。没有功，只要名，这个不可以。有了功，也未必要名，这个就是更高的境界了。这样的人不依赖什么，因此是无待逍遥。最高的就是至人无己了。功名是外在的，似乎不要也罢。自己、自我，是内在的，怎么能没有呢？逍遥难道不是自我的逍遥吗？

第三，至人无己。自我其实是逍遥的最大障碍。庄子主张人清楚认识自己的内心，找到内在的标准，依据真实的内心去生活。但他不主张突出自我，那就是我执了。自我包括很多东西。庄子下文举的是惠子的故事。惠子，即惠施，是战国著名的政治家、哲学家，他是名家学派的开山鼻祖和主要代表人物，也是庄子的至交好友。惠子种出了一个大葫芦，有五石的容积，因为不够坚硬，所以不能盛水；剖开为瓢，却因太大而没有适合它容纳的东西。惠子就把它劈了，觉得没有什么用。庄子却认为大葫芦有大用。他没有直接说，而是故事中套故事，讲了一个不龟手之药（也就是冻疮膏）的故事来启迪惠子。同样是冻疮膏，会用的人用于打仗，士兵的手不会冻坏，能握紧武器；不会用的人还得靠洗衣服，赚点小钱。所以，无己不是自我，而是转变思维方式，突破小用，洞察大用。

庄子没有明确说“至人”是谁，学者有很多推测，有人认为是指庄子本人，有人认为是指买去冻疮膏药方用来作战的客人，有人认为是《齐物论》开头的南郭子綦。无论是指谁，至人无己都是说高明的人不会固执地想问题，不会单向度地想问题，不会被自己的成心、成见所左右，总能脑洞大开，换一个角度想问题。很多时候，我们身陷困境，都是因为被我们已有的思路框住了。

这就是庄子说的“蓬蒿之心”，是小鸟的眼界与心胸。有什么样的眼界，就有什么样的心胸。蓬蒿之心，就是心被塞住了，就像惠子看到葫芦就想着舀水或盛放东西，庄子却说，为什么不把它做成腰舟浮游于江海之上呢？就像做漂洗的人，制作了冻疮膏，只知道洗衣服时用。而下一篇中的南郭子綦，不仅没有成心、成见，而且已经做到了身心俱忘，连自我这个主体都忘了，那个境界就更高了。

第六讲　与宇宙取得联系

为什么欲望多了不好？因为欲望是双刃剑，老庄都是用阴阳思维看待一切的。欲望能带来满足，带来快乐，它同时也带来坏处。你享受了它的多少好，就要接受它的多少坏。所以适可而止。老子说“少私寡欲”（《老子·第十九章》），欲望可以有，控制得刚刚好就好。吃得太多，睡得太多，玩得太多都要付出身心的代价，更何况名利呢？

庄子说：“耆欲深者，其天机浅。”（《大宗师》）欲望多的人，天然的智慧、灵性就少。你看上天多么公平。在各个领域中，你所看到的成功的人，无一不是严格控制自己欲望的人。1995 年，发福的巴菲特因为健康状况，在医生和私人健身教练的建议下，开始跑步。长跑需要忍受枯燥、控制欲望，这恰恰也是他倡导的价值投资最重要的真谛。因为它与投资有着太多相似之处。这也令伯克希尔公司在后来产生了浓厚的跑步文化。甚至在挑选接班人时，长跑似乎也成了必不可少的硬指标。

一个欲望深重、沉迷于欲望的人，不会有太多的创造力。欲望不只是食色，思想也是欲望，追求逍遥的境界也是欲望，这个同样不能执着。把追求无欲的欲望都去掉，淡化掉，才是真的不被欲望控制。否则，禁欲主义和清教徒式的面对欲望的方式，同样是一种强大的欲望，不过是以相反的方式表现出来而已。欲望会堵住人的灵窍，污染人的心灵，智慧的人会把欲望控制得刚刚好，不走极端，不沉迷其中，平平淡淡，最有道味。

《老子》第二十三章说："同于道者，道亦乐得之。"你喜欢什么就会变成什么样子，这个一点也不夸张。你看那些出来遛狗的人，主人什么表情，什么样的走路姿态，他的狗也是什么样的表情和姿态。这个很有意思。所以老子的意思是，喜欢吃肉，你就很油腻；喜欢抽烟，你就很萎靡；喜欢道家，你就会仙风道骨；喜欢食色，你会一脸烟火；喜欢佛学，你会满脸慈悲。你喜欢道，道也喜欢你。你喜欢自在，则无处不自在。海德格尔在《什么是思》中说："你热爱什么，你的本质就会被它占据。"《老子》第五十五章说："物壮则老。"欲望太多，就早早消亡，身体与精神都如此。这就是阴阳一体、物极必反的道理。用网络语来说就是，“出来混，迟早都是要还的”。

有待逍遥是自由，获得这样的自由是有条件的；无待逍遥是自在，自在不依赖任何外在条件。但庄子给出的例子都不是普通人，而是至人、神人、圣人，他们都洞察了天道，因此无时无处不自在，他们是道家的理想的人格范型。《老子》第四十一章将普通人又分成上士、中士、下士三类，他说：“上士闻道，勤而行之；中士闻道，若存若亡；下士闻道，大笑之，不笑不足以为道。”智慧高的人，听说了道，就勤勤恳恳去做了；中等智慧的人，感觉道还是若有若无的，不太相信；下等智慧的人听到道这个东西，会大笑，觉得天地之间哪有道。老子说，那让人嘲笑的东西恰恰就是道。庄子写了小鸟笑大鹏，与老子完全呼应，都是为了说明把握完整大道不是一件容易的事。至人、神人、圣人，就属于智慧高的上上士了。

庄子说：“若夫乘天地之正而御六气之辩，以游无穷者，彼且恶乎待哉！”这是说明，无待逍遥的人能把握“天地之正”。正，就是正道。前面写大鹏飞到天空时，也有反问：“天之苍苍，其正色邪？”正色，是本色。正道，是宇宙本来的样子，宇宙的整体，宇宙的规律。至人、神人、圣人，是能站在宇宙整体的角度看问题的人，宇宙整体是无穷的，大鹏所飞的南冥还不是无穷，还是有尽，庄子用九万里高空来形容。大鹏的自由还需要具备很多条件，因此大鹏能达到的也只是有待逍遥。它是自由的象征，还不是能把握整个宇宙之道的自在状态。能把握道，也就能应对一切变化了，也就是六气之辩。辩是变化的意思，这也是我们通常说的以不变应万变。

这不变的是道心，一颗体会道的心。这颗心定下来了，外物的变化就没那么复杂，也没那么可怕。体会道，体会整个宇宙的规律，需要静心的功夫。一旦站在了宇宙的角度看问题，一切问题就都不是问题了。就像你夜晚站在山上看远处人们居住的地方，灯火通明，再大的房子也只是一个小小的点，你却为这个小小的点辛苦了一生。从整个浩瀚的天空来看，人类的灯火微不足道。这种视野会拓宽人的心胸，不再为蝇头小利孜孜以求，也不再把人生耗费在事事与人竞争攀比上。人重要的是找到适合自己的生活方式与生活环境，过内心的生活，这样对待外物才能从容不迫。

如何才能洞察天道？天道最重要的是阴阳的规律，我们从日常的观察中可以看到。但要做到符合天道，仍然不容易。最简单的早睡早起，它就是符合宇宙的阴阳规律的。晚上阴气下沉，太阳落山，人也要跟着睡觉；早上阳气上升，太阳升起，人也应该跟着起床。古代是日出而作、日落而息，今天是不夜城，发明了灯，才有了夜生活。技术本身是中性的，无所谓好还是坏。庄子说，人应该“物物而不物于物”（《山木》），那么我们也应该驾驭技术，而不是被技术改变。爱因斯坦曾说：“我害怕有一天科技会取代人与人之间的交流，我们的社会将充斥着一群白痴。”如今，这种担忧正在变成现实。今日中国的一大景观，就是人人成为“低头族”。“低头族”带来的另一个社会症候群，就是社交恐惧。不少“微博控”在网络上实时更新自己的状态，却在面对家人朋友时患上了“失语症”。洞察道是不容易的，做到更不容易。在庄子这里，为什么会提到列子这样的境界？因为列子是会功夫的，至少有打坐或者静坐的功夫，才能阳神出窍，游走十五天回来。庄子的功夫论主要就是这两个：心斋、坐忘。这都是实实在在的功夫，需要勤奋练习，并且坚持的。

心斋、坐忘，是修道的功夫。如今气功基本上属于道教的范畴或看成独立的分支，气功的乱象也非常多。但是打坐的基本功是可以做的。我参加过几次禅修，主要就是坐禅，也就是打坐，一个半小时，盘腿静坐，观察自己的身体，直到忘了自己的身体，忘了时间。道家与佛家在思维方式与功夫上本就相通，佛教的禅修可以帮助理解道家的实修部分。在打坐的时候，我能感觉到整个宇宙是同一个频率，一阴一阳，一张一合，一来一去……有如那潮汐般美妙的整体性的力量，人的身体是被一种风一样的力量推动着的。如果宇宙之风是天籁，大地之风是地籁，人的身体之风就是人籁。在打坐的过程中，我们就会从日常与宇宙失联的状态中回来，与宇宙重新取得联系，接通上了，切实感受到自己是宇宙的一部分——“天地与我并生，而万物与我为一”。这时候心就静了，定了。而且打坐完你再做其他事情的时候，就发现自己的每一部分都归位了。叠衣服的时候知道自己的手在叠衣服，走路的时候知道自己的脚在迈步，脚踏实地，而不是灵魂东奔西突。当你的灵魂收回来了，你也就安住于道，安住当下了。这时现实中所有束缚我们的笼子，就都变成我们修行的屋子了。庄子说：“虚室生白，吉祥止止。”（《人间世》）这个屋子其实就是我们的心，心是我们唯一的家，需要“时时勤拂拭，莫使惹尘埃”。这个屋子打扫干净了，就会生出光亮来。

以不变应万变，不变的是一颗道心。心要定住，知道自己究竟要的是什么，能做什么事，应该做什么事，就不会被外界环境牵着走。做事要符合天道的生生规律，阴阳规律，所谓天时、地利、人和，这样才能做到真正的成功。而这种成功，是大成，不是歪门邪道或投机取巧的小成。日本企业家稻盛和夫曾说，他做的所有事情，都是向宇宙深处的最高的善致敬。（《活法》）这个最高的善，就是道。

第七讲　加法求知，减法修心

日本山下英子有一本书叫《断舍离》，“断”是不买、不收取不需要的东西，“舍”是处理掉堆放在家里没用的东西，“离”是舍弃对物质的迷恋，让自己处于宽敞舒适、自由自在的空间。山下英子的《断舍离》在日本颠覆了几百万人的生活方式，甚至也将这种颠覆延续到了中国。很多人看完《断舍离》之后，大受启发，立刻将家里的东西清空。该扔的扔，该送的送，或者挂在网上转卖。很少有人知道，她深受中国传统文化的影响，写《断舍离》也是受到中国传统文化中的道家学说的启发……这本书事实上不是在讲家居装修，而是在讲人心。人的贪欲导致的是不断、不舍、不离，无尽地占有，却恐慌于丝毫的失去。当我们的身心都这样负重前行的时候，何来逍遥可言？

逍遥，也写作“消摇”，本义是慢慢走。钟泰先生的《庄子发微》是他数十年研究之力作，在书中他认为“消摇”这个写法更能揭示逍遥的内涵。消，就是《老子》第一章说的“损之又损”的“损”，减少一点、消除一点欲望，你的心才能摇动起来，游起来。吃得少一点，身体就轻松；欲望少一点，心就轻松。今天流行素食，就是让身体的消化功能休息一下，让身体的毒素排干净，加上多运动，科学地运动，符合身体规律的运动，身体就会渐渐轻松。庄子更看重的当然是心灵的轻松，忘掉思想、少些计较，收起你的聪明才智，这不是让人变傻，而是转识成智，增加人的智慧。

《老子》第四十八章说：“为学日益，为道日损，损之又损，以至于无为。”这几句话非常经典，也是整个道家的精髓。学习是不断增加，学道是不断减少，减少又减少，直到无为，无为不是什么也不做，而是做什么都能做好。我们今天的问题是学得太多，却没有消化。损，不是忘掉学的，而是要消化，从知识与体验中总结升华出道来。大道至简。抓住道行事，就不用为太多，也能为得很好。增加知识是我们的能力，减少知识就是我们的智慧了。

美国克尔·哈里斯有一本书叫《缺失的终结》，反思互联网时代给我们带来的困扰与问题。他就提到我们今天占有的、拥有的东西太多了，再也体会不到“缺失”是什么感觉，这是最大的缺失。就像我们的胃总是装得太满，就没有消化的余地了。孩子的玩具太多，也就缺失了游戏的乐趣。

因此，庄子的逍遥现在也很有用。逍遥后面的这个字才是点睛之笔，就是“游”字。严复先生、钱穆先生都大加赞叹这个“游”字，庄子不仅第一篇的篇名用了《逍遥游》，而且还有“游于物之初、游于物之所不得遁、游乎天地之气、游乎遥荡恣睢转徙之途、圣人有所游、乘物以游心、入游其樊、游刃、游乎尘垢之外、游乎四海之外、游方之内、游方之外、游无何有之乡”，等等。不像今天连旅游都不轻松，要考虑拍照发朋友圈，要使用各种攻略，用最少的时间看最多的景观。这哪是“游”啊？这是受罪受累，和平时的工作状态、工作思维没有两样。

当代两位重要的道家学者陈鼓应、刘笑敢先生对此都有很好的阐述。陈先生认为：“一个人当透破名、利、权、势、尊、位的束缚，而使精神活动臻于优游自在、无挂无碍的境地。”（《老子注译与评介》）这样的人生是逍遥的一生，也是审美的一生，是有滋有味的，是无怨无悔的。刘笑敢先生则认为，安命是逍遥的基础，逍遥是“在安命基础上追求的超越现实的纯精神自由、精神家园；对现实中的价值标准和价值方向有提升和指引功能”（《庄子哲学及其演变》）。逍遥不是能学来的，也不是想明白就逍遥了，达到逍遥是一个漫长的人生历程，只是每个人参悟的时间不同而已。

在中国文化史上，受到庄子思想影响最大的是魏晋玄学与魏晋风度。其代表是竹林七贤，这个大家一定不陌生，竹林七贤是中国文人风骨的最高峰，也是留下最多思考的一个文化现象与历史悲歌。最富有代表性的是阮籍、嵇康，他们都崇尚道家，反抗司马氏政权，捍卫内心逍遥，但这逍遥也付出了沉重的代价。因为他们处在司马氏高压的黑暗时代，政治避祸很难。阮籍对当权者阳奉阴违，忍辱负重，常常大醉，率意独驾，车迹所穷，痛哭而返。他有叛逆，有不满，他的逍遥也是有待的。嵇康则付出了生命的代价，嵇康隐居不仕，拒绝与当时掌权的司马氏合作，对当权者标榜的虚伪礼法加以讥讽和抨击，写下了名传千古的《与山巨源绝交书》。为救朋友，被政权阶层利用诬陷，临刑前弹着后来没有传于人世的《广陵散》，唱出人生的挽歌。

第八讲　无用真有用

北京大学的学者钱理群前几年提出了“精致的利己主义”这个概念，来形容现代人。利己并没有错，关键是怎么个利法。如果一切从实用角度考虑，生活是不是会变得索然无味？求知是不是会变得毫无乐趣？有学生第一次选修我的课，还没有上课，就跑过来问我：“老师，你这门课好不好过？”我说一般都能通过。他接着问：“这门课我想拿 A，将来出国要看这个成绩，我怎么能拿到 A 呢？”他感兴趣的不是庄子，不是道家，不是从这门课能学到什么东西，更不是这门课的老师怎么样，而只是关心他能拿到什么样的成绩。这是实用主义，整个上课的过程对他来说毫无乐趣可言。

庄子不是从实用主义考虑问题的，他从心来考虑问题。他主张“物物而不物于物”（《山木》），人不要为物所化，变成了物。你在利用物时，你自己也在物化。如果你只关心结果的话，你赚钱的时候，会变成钱的奴隶；你开车的时候，会变成车的奴隶；你买房的时候，会变成房的奴隶；你生了很多孩子，会变成孩子的奴隶。因为你关心的是这些能给你带来什么好处，而不是把一切看作自己本真生命的展开。孔子说“君子不器”，我们不能把自己活成器具或器皿，单维度的、没有生机的物。人一旦功利化、物化，心就被放在一边了，得不到滋养，得不到成长，得不到真正的满足。

逍遥主要是心上的事。我们的心平常的状态都是计较，做任何事、说任何话，都有一个功利的目的。什么是真正的有用？什么是没有用？庄子有新的视角，而这一视角来源于《老子》。《老子》第十一章曰：“故有之以为利，无之以为用。”老子很会观察生活中的物，这一章像静物油画一样。什么意思呢？正因为车毂上有圆孔，辐条才能派上用场，车子才是车子。陶器中间是空的，它才能作为器皿盛放东西。屋子有门窗，才是屋子。真正起作用的是“无”，也就是那个空处。而我们常常只盯着“有”。“有”是便利，“无”是真正发挥作用的东西。就像空气，我们看不见，摸不着，但它是人生存的第一需要。

物有物用的层面，也有心用的层面。究竟什么是物？物是不是给人提供便利的？人应该如何看待物？这是很有意思的问题。《红楼梦》中有个精彩的片段，晴雯撕扇，表面是写晴雯的率直的性情，宝玉的平等的态度，背后却展示了宝玉的物观念。宝玉说：“那扇子原是扇的，你要撕着玩，也可以使得，只是不可生气时拿他出气。”曹雪芹不是为了写富家公子祸害东西不心疼，而是写出了宝玉独特的爱物观。扇子为什么一定就是用来扇风或出气的呢？为什么不可以用来愉悦心情呢？庄子就是这个意思。难怪曹雪芹喜欢《庄子》，笔下的宝玉也喜欢读《南华真经》。心在物上，乘物游心，这才是真正的与物一体，不为物累。

无用之大用如果用今天的话来说，就是以下这几个方面：

第一，与社会标准常常发生冲突的自我标准。

有些事不符合社会标准，却符合自我标准。在自我的价值观与社会整体的价值观有冲突时，要知道什么是对自己的内心真正有益的。人是群居动物，群居就会形成社会规范与社会心理。人离开群体会感到没有安全感，所以从众是普遍的心理，俗话说“排队买肉香，人多饭好吃”，说的就是羊群效应，也就是大家所熟知的从众心理。我们如何在人群中减少伤害，既保持自己，又不被孤立呢？这就涉及社会标准与自我标准之间的平衡，也就是内外之分。我们之前讲过，庄子既可以“独与天地精神往来”，又可以“与世俗处”，这就是我与他人之间最好的关系。从社会标准来看，我们可能有不合常规之处，但从自我标准来看，那是真实的内心。庄子告诉我们真实的内心不可忽视，它是生命的内核。

譬如我们的爱好，它换不来任何功利，却可以丰富内心，这便是无价之宝。今天很多家长让孩子学钢琴、学舞蹈、学绘画，就是为了考级，为的是孩子在学校里、在社会上被人认可、肯定，或在升学中加分。结果牺牲的是孩子本有的天性、兴趣和独得其乐的体验。孩子越大，家长越焦虑孩子的成绩、成功、成才，却往往忽视了一个孩子最重要的是成为他自己。那该怎么做呢？要充分尊重孩子的想法……更进一步，我们欣赏一朵花，我们静观一片云，我们发发呆，我们散散步，我们不与别人比优秀，不与别人争第一，那段时间便真的属于我们自己，那段时间便是沉淀到我们生命中的扎扎实实的一部分。

它的作用只有在人生关键处可以看到，一个内心丰富、纯粹、有所热爱的人，永远不会绝望。面对人生必经的各种坎坷，没有跟着人群跑的惊慌，而是拿出自己的心灵资源去应对。在我们今天拼命占有各种资源的时代，庄子告诉我们最大的资源是我们的内心。按照自己内心的标准去生活，会活成一个能悦纳自己、应对变化的人。这个自我标准，小到你的穿着打扮，大到你的人生选择，只有本乎内心做出的，才是有力量的，经得起考验的。

我的课上曾经有个学街舞的学生，舞跳得非常好，他很想打一个耳钉，又怕别人说，怕父母说，一个学期都在纠结这件事。听完《庄子》后，第二学期又出现在我的课上，戴了一个非常好看的耳钉，与他的气质特别搭，最重要的是他脸上的从容与自信。鲁迅弃医从文，罗大佑弃医从艺，切格瓦拉弃医搞革命……当然不是对学医有什么意见，而是说他们因为追随自己的内心，做出了适合自己的人生选择。其实类似这样大大小小的选择每天都在生命中发生。庄子提醒我们，不要放弃我们自己的标准，当我们发现自己的选择与社会的标准不同时，只要你没有伤害和妨碍到他人，完全可以坚持自己的选择。

第二，从不同的角度全面看问题的智慧。

无用还意味着我们从一个角度看是无用，从另一个角度看会发现有大用。就像惠子总是从实用的角度看问题，生命便充满了困惑与沮丧。我们都听过盲人摸象的故事，那个能从全局观察象的人才看到了真相，也才了解了整个象的样子，也才会了解象的用处不只在象牙或象腿。人要跳出已有的视野和维度，走开一步，看到的事物就更全面了，问题也就迎刃而解了。

一样东西作用的大小，往往取决于我们从什么角度去看。有的孩子虽有多动症，结果最后却成了舞蹈家。人生就是这样，祸福相依，否极泰来。我们要学会变逆境为顺境，把不利变有利。像庄子《人间世》描述过的支离疏这个人，他虽然残疾丑陋，却得以保全性命，生活无忧。从一个角度看问题，我们往往只看到它的不利的一面，转换一下视角，即会发现它有大的作用。

第三，不为外物所缚的心灵自由。

很多东西无法增加你的财富，却能丰富你的生命。这便是自由，也是逍遥的意义。整个《庄子》最精彩的地方就在于庄子的通透与洒脱，他对自由的看重与对真性情的守护。《马蹄》篇说："马，蹄可以践霜雪，毛可以御风寒，龁草饮水，翘足而陆。"就像马的自由奔放，人也有自由的天性。马尔库塞在《单向度的人》中也说，心灵自由的人才有创造力。这种创造力并非为了成名成家，而是一种生生不息的感觉，是自身的生命意义源源不断生发出来的状态。回顾浩瀚的历史，真正留下来的不是那些黄金白银或皇宫城池，而是精神文明。这种文明的创造尤其需要自由的心灵。

庄子《大宗师》篇专门讲"真"是什么，以后我们会讲到。如同老子崇尚婴儿，庄子崇尚真性情，保持真性情大概是我们这一生中最能取悦自己的事。对于整个社会而言，人的率真、人与人之间的真诚也是一个社会生态最好的保证。诚信，更多是从人与人的合作与相处的角度来说的，真性情则是从一个人如何对待自己的心灵需要来说的。《渔父》篇对"真"也有一段精彩的概括："真者，精诚之至也，不精不诚，不能动人，故强哭者，虽悲不哀；强怒者，虽严不威；强亲者，虽笑不和。"真不是为别人，而是为自己。当你看到地铁上一张张面无表情的脸，百无聊赖地翻看着手机时，你会感觉到一个生动的表情多么来之不易，想象不到那些脸上藏起悲欢离合的人是如何在这个喧闹的城市硬生生地挺过每一天的。

逍遥是你不仅做过飞起来的梦，而且醒了也要长出翅膀来。

第九讲　放下手机，立地成佛

乘物以游心。这是庄子的重要思想，我们每天都要面对外物，心物关系是贯穿古今的普遍的问题，我们今天面对的最重要的物就是手机。庄子通过一系列大物，来转换我们的思维，驾驭物，而不是被物驾驭。第一个是关于惠子的大葫芦。

惠子对庄子说，魏王给了他一个大葫芦的种子，结果长出了容五石的大葫芦。他想着用来盛水吧，太脆了，容易破；想用来做瓢，又太大。所以，他觉得这个大葫芦没用，就把它劈了。庄子没有直接告诉他葫芦还能做什么。庄子以此问惠子："你现在有这么大的大葫芦，为什么老想着用它舀水、盛放东西呢？为什么不考虑把它做成腰舟呢？"古人以瓠系于腰间，用于渡水，是为腰舟。这么大的大葫芦系在腰上，浮力很大，岂不快哉？庄子的目的当然不是讲大葫芦的用处。浮于江海之上，是个隐喻，代表心灵的自由。古人常有“泛若不系之舟”的说法，比喻无所顾虑，精神自由，就是从这来的。庄子说惠子“犹有蓬之心也夫”就是小鸟的思维，而不是大鹏的思维。小鸟飞行于蓬蒿之间，所以见识狭隘。这是很不客气地说惠子视野狭隘。他对惠子的实用主义思维、常规思维、对象化的思维一直耿耿于怀，这些都是他借来说事的地方，以后会慢慢谈到。李白有诗曰：“仰天大笑出门去，我辈岂是蓬蒿人。”出门就看到天了，而不是在蓬蒿间想问题。格局小，视野就小，想问题就很狭隘。

内外打通非常不易，物是外在的，有形的，可以量化的，因此很容易发现它的用处。这几年流行“颜值”这个词，连长相都可以估值了！这个就是外在的。当今这个社会，似乎觉得颜值最重要。为了满足人们对于外在美的追求，整容、美颜、生产各种化妆品，一个产业链就出来了。心是内在的，无形的，无法量化的，因此很难发现心灵的状态有什么用处。庄子认为，心之用才是无用之大用，对心有好处才是真的有用。我们如何看待物？如何看待人？《达生》篇说“外重者内拙”，你越是注重外在的东西，内心就越拙笨。老天就这么公平。因为心只有一个，当心被外物带跑了的时候，它自己是得不到休憩和修养的。所以，心物的关系，也是内外的关系。惠子没有想过泛舟江上的事，只想着这么大的葫芦有什么实用性。

庄子用故事套故事的方法，启发他，而不是直说。这是很聪明的做法，或者说写法。这也是他常见的写法。庄子很少直接怼人，而更擅长用故事来隐喻或影射人，让人自己去反思。这可以看作是卮言的写法，就是看起来荒诞不经的语言，无端涯之辞，其实背后都是思维方式的问题。我们转换思维方式，才能发现无用之大用。

那么，在物化或量化的思维中我们丢失了什么？什么东西是无法量化的？这便是生命原本的时间。心的滋养，是能享受到毫无功利之心的时间。现代人缺乏安全感，所以才会被物奴役，以为物能带来安全感。最后会发现无论有多少物质，都填充不了安全感。因为物是无止境的。比如“双十一”，就是一场购物的狂欢，从表面上看是一次全民购物的好时机，但同时背后也折射出消费者有点畸形的购物心理，总结起来就是不理智、攀比炫耀、跟风、贪小便宜。当心灵被贪婪占满的时候，我们会发现，心灵更加恐慌。因为你没有安顿心灵本身。属于心灵的时间都去哪儿了？夏威夷大学的刘静博士在《道之时》这篇文章中说：“时间在我们技术的存在之下正在失去意义：季节的轮回，鸟的迁徙，月之盈虚，以及昼夜更替。…… 当太阳高悬，我们却在日光灯下工作；当夜晚降临，我们还在灯光之下。每天我们从一个巢穴式的房间迁移到另一个房间。时间与自然的意义为我们技术的存在所遮蔽了。……今天人类对时间的控制却达到了空前的程度。我们的生活节奏正在越来越快，速度和准时被我们的时代奉为美德。实际上我们的整体存在已经被挤压、降低成工业化生产方式的某个环节。我们像管理金钱一样地管理时间，这已经成为我们时代的普遍信仰，'时间就是金钱'。"

今天的时间为什么如此逼仄与紧迫？因为我们在利用时间，而不是享受时间。生命由时间构成，你享受了多少时间，就拥有多少生命，而不是用生命的长度来衡量。享受时间，意味着不拿时间干什么，只是在享受心灵，充实心灵，与心灵对话。比如李元胜诗歌里写的："我想和你虚度时光，比如低头看鱼 / 比如把茶杯留在桌子上，离开 / 浪费它们好看的阴影 / 我还想连落日一起浪费，比如散步 / 一直消磨到星光满天……"这时心灵是自由的，并富有生趣，富有创造性。这时候的人才会感觉到活着的乐趣和意义。并且，它不像物一样很容易被消耗掉，它会一直储藏在那里，像光一样，谁也拿不走。

雷达先生的《缩略时代》早已批判了这个时代，他把现代的效益化、计算化与快餐化的行为模式描写得淋漓尽致。他把这个时代概括为一个词——缩略。他说："缩略是赶路人与时间搏斗的一种方式。缩略，就是把一切尽快转化为物，转化为钱，转化为欲，转化为形式，直奔功利目的。"这样，心就被挤走了，没有心灵的空间。只有我们真诚无欺地面对自己，面对短暂的生命，才能正确地面对外物，让它成为心灵滋润、灵魂放飞的资源，而不是堵住心灵出口的巨石。

为什么庄子喜欢用大的东西呢？因为要先将我们从常规思维中拉出来，进入思想与想象的世界，来体会超越性的东西。更重要的原因是，大而无形是道，《老子》第二十五章说："吾不知其名，字之曰'道'，强为之名曰'大'。"大，在老子那里是"道"的别称。因此，庄子借助大的意象让我们进入对道的体会中。大鹏的眼睛看到的是大的时间与空间，大葫芦空空如也，让我们看到了心的虚空带来的自由。接下来的大树又想表达什么呢？

惠子再次登场，他对庄子说，他有一棵大树，叫樗，长得很不好看，树干不平直而不合绳墨，卷曲而不合规矩，不是个好材料。连工匠看了都不想再看第二眼。庄子没有直接回应，又是故事中套故事，讲了很多小动物。他说野猫伏着身子等候出来遨游的老鼠；它跳来跳去，身子很灵活，但踩到捕鼠的机关，就死了。斄牛很大，不能捕捉老鼠，但是有大用，能保全自己。

所以庄子认为惠子的这棵大树可以种在什么也没有的地方。广阔的野外，人们在树旁边悠闲地散步，躺在树下睡觉，这棵树不会遭到砍伐，看起来没用，恰恰保全了自己。表层的意思是看起来没才的东西，恰恰可以保护自己。

大树、斄牛的深层意思则在“无何有之乡”上。“无何有之乡”，就是什么东西都没有的地方。哪里能什么东西都没有呢？只有心里可以这样。因此，无何有之乡不是乌托邦，而只是心灵的故乡。把心虚下来，才能与物相处，不求实用。一棵大树，我们为什么不能对它无求呢？换句话说，我们为什么一看到树就想到砍伐呢？绳墨，就是用来衡量树的，中规中矩的树就能用来做房梁、做家具和做棺材。这种一无是处的树，不是真的代表一无是处，而是用一种夸张的笔法，障眼法，让我们从实用的思维走出来，改变人与物的关系。有时候教育也是这样。作为父母，一想到或者期望着孩子以后要成为什么样的人，便给孩子报各种辅导班，试图将孩子培养成为全才。

因此，这里的“无何有之乡，广莫之野”，不是营造出的一个超现实的地方，而是一种思维方式的切换，从实用的思维到无用的思维。对一棵树从实用、占有、操心到平淡、自然、共处的转变。与树共处就是在它旁边散散步，不用它来做什么。如果人与人之间也是这样的关系，那该是多么舒服？就不会出现刚说一句话就加微信，一言不合就拉黑的做法了。我们接纳一个人不是因为他对自己有用，而是随缘共处；我们离开一个人不是因为他对自己无用，而是换一种相处方式。一旦我们不用实用的眼光看物、看人，心灵的世界就宽了。

之所以单独来谈无用之用，是因为它是在庄子讲完了无待逍遥之后出现的，可以看作对逍遥的补充。如何做到无己、无功、无名？我们前面讲了心斋、坐忘的功夫，这里还要再加一点，就是思维方式的转变，摘下实用主义的有色眼镜，心平气和地看待万物。

无用之用提出了看待万物的思维方式。实用的东西能带来实际的好处，能奠定生存的基础，能带来安全感，所以实用主义或者说功利主义的思维本身没有错。但别忘了，安全感只是人之为人最基本、最低一层的东西，在今天却变成了一个很大的问题。真正威胁我们的不是生存，而是内心的空虚、无意义感。之前在网上有个很红的帖子，说：“你们身边有那种下班开车回家，在停车场里坐几个小时再进门的男人吗？”很多人都有共鸣。下班后都不想回家，就是想单独待会儿，享受一天中最清闲的时候。无用之用，是用来建构精神层面的意义感的。道创生万物，万物都有自身的意蕴，都不是他人的工具。

现代生活中最为便利，也最易带来干扰的东西就是手机。曾有一则新闻说，浙江有位女士，手机掉到河里了，她立刻跳进河里去捞，真是手机比命还重要，而这样的事情不仅仅在一个地方发生过。有只顾发朋友圈的家长，孩子被浪冲走的；有低头玩手机的家长，孩子在游泳池里淹死的；等等。

手机已经侵占了我们的全部生活。因为玩手机变成“低头族”，引发颈椎病、近视；因为玩手机熬夜引发种种疾病。这些都是身体上的问题。心理上的问题是人与人交流得少了，很少再面对面交流了。有些夫妻俩各玩各的手机，共同话题减少了，甚至，很多时候对方成了多余。校园里流行一个表情包：“想说相爱不容易，毕竟各有各的手机。”现在的大学生越来越不想恋爱了，越来越多的年轻人不想结婚了，甚至不想要孩子。因为一个手机就够了。

这个问题，我们正在向日本靠近。前不久日本出现一个现象，让小学生参加婚礼或模拟婚礼，就是为了教育他们，让他们对婚姻有兴趣。为什么呢？根据2017年的一项调查显示，日本人的“终生未婚率”还将持续攀升，到2035年日本男性的“终生未婚率”将接近30%，女性将接近20%。“超单身社会”和“单身大国”正在成为日本的新标签。到2035年日本15岁以上人口中约有4 805万是单身者，有配偶者约为5 279万，即约有一半日本人会过单身生活。

这些就不是身体问题、心理问题，而是社会问题了。

我曾在《庄子》课上给学生布置过一个作业：一星期不使用手机，一个月不使用微信，三个月不发朋友圈。我陪他们一块做到。让他们写一篇自己的感想作为期中作业。学生们各种奇葩的反馈都有：有交代后事的，有焦虑不安的，有很失落的。最后发现一星期不使用手机，原来什么大事都没发生。使用手机已经从强迫症发展到像吸食鸦片一样了，公共交通工具上全是看手机的，路上全是看手机的，看到美景全在拍，做很多事只是为了发个朋友圈晒一下，慢慢品味的意义就这样淡薄了。

佛教说：放下屠刀，立地成佛。今天可能需要放下手机，立地成佛。

第二篇《齐物论》

第十讲　我们不一样

《齐物论》的齐物，是讲万物平等，不是讲万物没有差别，“齐”不是相同的意思，而是平齐、平等的意思。万物各有样态、个性，这个恰恰是不能抹杀的，是庄子最为看重的。齐，是打通表面上的各种矛盾，看到万物的相通性，动态地、长远地、多角度地看问题。

都说王菲的声音是天籁，大家可能因为她才熟悉了“天籁”这个词。她是我很喜欢的一位歌手，因为她不装，不戴面具，做真实的自己，唱歌也好听。她的身上就有庄子的洒脱。爱你，我就嫁给你，跟你生孩子；不爱了，就离开；兜兜转转还爱的，就继续在一起。就像她的演唱会一样，从头到尾就说个“谢谢”。经历各种情感与家庭的破碎，没有抱怨，没有恶语，没有消极，该干什么干什么。可以在娱乐圈叱咤风云，也可以吃斋念佛。心干净，歌就干净。心空下来了，声音就空灵。这就是天籁在人身上投射的影子。

《庄子》中的天籁是大块之音。大块就是大风，不过它是宇宙的大风，是一切事物得以产生的原始动力。在大地上表现为地籁，在人身上表现为人籁。天籁，相当于《老子》的道，但庄子没有直说，庄子说："怒者其谁?"谁生了我们不重要，重要的是生出来的我们各各不同，就像没有两片相同的叶子一样。

《齐物论》一开头就借南郭子綦这个人物，他是楚昭王庶弟，住城郭南端，因此为名。其人为楚庄王司马，据说也是德行高洁的抱道之士。讲了天籁、地籁、人籁这几个词，整个宇宙就这三个层面，全都概括完了。庄子说，大风要么不发作，要发作，就万窍怒号，发出各种声音。那时候的树也是奇形怪状，大树上的洞也是千姿百态。树上的洞有的像鼻子、嘴巴、耳朵，有的像梁柱子上的孔，有的像农村用的捣粮食的臼。它们发出的声音就更神奇了，有的像湍急的流水，有的像箭发射的声音，有的像叱责声，有的像咄咄逼人的声音，有的像呼吸声、呼叫声、嚎哭声，有的像深谷发出的声音，有的像哀切的声音。看起来很杂乱，大哭小叫，此起彼伏，事实上是有同一韵律的，前后相继，非常和谐，大风停下，突然无声，只剩下枝叶在轻轻摇曳。

大自然的美就在于各各不同，而又整体和谐。庄子以此隐喻道创生的这个世界，也应该是这样的。人的社会也是这样的，应该有不同的个性，不同的选择，不同的活法，不同的人生观，不应该是同一个模子出来的。体制犹如围城。外面的人想进去，里面的人想出来。比如考公务员，很多人都是看别人考了，就去考了。大家觉得公务员稳定，就去考，根本没有想清楚自己适不适合。

庄子讲天籁、地籁，就是要人了解自己的天性，了解自己的不同，顺其自然地活着。人籁是人演奏乐器的声音，是丝竹之声。人的声音是各各不同的。同样的乐器，同样的乐谱，每个人演奏出来的感觉都不同，尤其是中国传统乐器，比如古琴、古筝，乐器简单，谱子也简单，但轻重缓急、速度快慢都是自己把握的。同样一首古琴曲《酒狂》，每个人弹得都不一样，因为每个人的狂劲不一样。所以，《红楼梦》中妙玉听到黛玉弹琴，说："恐不能持久。"琴弦断了，她听出了谶音、悲音，觉得情况不妙，就走了，还说："日后自知"。那是黛玉弹出的琴声。

音乐的本质就是个体性，是每个人独特的情感、独特的阅历的一种表达。《礼记·乐记》说："凡音之起，由人心生也。人心之动，物使之然也。感于物而动，故形于声。"音乐的声音来自人心，是因为人心对外物有所感触。注意，是有所感触，而不是无病呻吟。就像很多歌手唱歌，特别费劲，没有感情，在那拼命要挤出感情来，就像本不想笑，却要拼命说段子在那儿逗人笑一样，这就不是音乐了。

《毛诗序》说："诗者，志之所之也，在心为志，发言为诗。情动于中而形于言，言之不足，故嗟叹之；嗟叹之不足，故永歌之；永歌之不足，不知手之舞之、足之蹈之也。"诗歌也是个人性情的体现，是真性情，高兴就手舞足蹈，悲伤就痛哭流涕。

这些艺术观都与庄子的人籁有关，庄子对人的个性的推崇是到达了极致。到了陶渊明，就完全做到了，这就是他的无弦琴，一张没有弦的琴，来表达他的琴意。陶渊明为了衣食之需，不得不离家去做官，但因受不了官场的恶习拘束，即拂袖而去。他曾经人荐举做了彭泽县令，但为官仅八十多天，不能为五斗米折腰的他，便辞官回家了。从此，陶渊明在僻静的乡村坚持躬耕，直到终老。陶渊明喜欢以琴来陶冶性情，以酒来怡养心神，但饮酒没有限量，琴也没有丝弦。他家琴桌上长年摆着一张琴，这琴上不安弦，也没有作为音阶标记的徽。

沈约《宋书·隐逸传》记载："潜不解音声，而畜素琴一张，无弦。每有酒适，辄抚弄以寄其意。"《晋书·隐逸传》记载："性不解音，而畜素琴一张，弦徽不具。每朋酒之会，则抚而和之，曰：'但识琴中趣，何劳弦上声！'"他的个性一目了然。这是庄子讲天籁、地籁、人籁的目的，人为什么失去个性了呢？失去真性情了呢？因为我们疲于奔命于一些具体的功利的目标。南郭子綦借天籁这个故事是为了讲人的身心如何修为，才能静下来，从外物中回来。

第十一讲　吾丧我的存在感

《齐物论》就是故事套故事的写法，天籁是个故事。回到开头，一开头就是个练功的镜头。南郭子綦靠着几案坐着，仰头缓缓吐着气，放松的样子像是什么都忘了。他的徒弟在旁边伺候他，以前的徒弟都是老师的跟班，要随行伺候的，像他的孩子一样。颜成子游看到老师今天练功的状态非常棒，问了一个很精彩的问题，说："您身体可以忘了，我能理解。心怎么也能忘了呢？您进步也忒大了。"他竟然能观察到老师心灵的状态，这不是一般的学生。

老师说我现在的状态叫"吾丧我"，这是说他把与自己相关的一切都忘了，包括身体，包括精神，包括思想，包括意念。也就是"堕肢体，黜聪明，离形去知，同于大通"（《大宗师》），就是完全忘我的状态，入定，灵魂出窍，像之前讲的列子一样，灵魂出去飞了十五天回来了。这时候灵魂体会到的是天人合一的状态，人不是在三维的空间，人能看到超越现在的时间与空间的东西。这确实是气功比较高的人的一种状态，我们这里不想从气功的层面说。更有意思的是如何能把身心都忘了，这样的状态有什么意义？现代人生活节奏快，我们常说要让灵魂慢下来，普通人的“发呆”大约就是白日梦游吧，哲人的“发呆”可能是人类新思想诞生的开端……

通过南郭子綦的例子，我们真正要发问的不是如何忘掉身体，而是我们意识到自己的身体了吗？可能很多人第一反应是当然意识到了，我在看书，我在写字，我在坐车，我在看手机。这是认识，不是感受。我知道我的身体在干什么，这是知道，不是觉受。这种知识性的“知道”是非常浅薄的。我们认识到一个事情与我们感受到一个事情，是完全不同的两个概念。觉受到的更真实。所谓“觉”是觉知，“受”是接受之后的感受。“觉受”是一种因觉知而接受的纯心理的体验。从意识范畴的体验，到超意识范畴的体验，直至光明智慧的全然裸露，而非单一理论知识层面所能到达的。我们把观察事物真理的过程称为“觉察”，把对开悟以上功德的觉证称为“觉悟”，把断、证一切功德圆满称为“觉醒”。所以，“觉”与不同的字组词，在不同修行层面表达出完全不同的意义。就像我们知道火很热，但凡·高就真的把手伸到火上试试，看看自己的意志是什么样。

我们这几年流行一个词“刷存在感”，尤其普遍使用微信之后，朋友圈也成了我们刷存在感的重要地盘。朋友圈是个特别值得思考的存在，也是个最能代表这个时代心理的地方。首先，朋友圈的好处在于情绪情感与事件的及时性、当下性。几秒钟，别人就知道你的状态了。其次，能发照片与视频，具有生动性、方便性。最后，又能带节奏，共狂欢，形成一种集体无意识一样的共在感，共情感。大家不要小看这个，海德格尔这样的大哲学家费了很多时间去讨论“共在”的问题。你写日记，没人知道，是独在，不是共在。现在人更需要分享，为什么？一是说明更加孤独了，否则不需要分享，自己写日记或连日记都不写，自得其乐就好；二是说明人的虚荣心被全面调动起来了，都不安分，有什么事都得昭告天下，连我这学道家的都不淡定，任何一场讲座，我都要选几张大场面的照片发到朋友圈，戒了很多次都没戒掉。它能给自己带来更多的动力，得到更多人哪怕是表面的赞誉来满足自己的虚荣心，但它却浪费时间，流于表面，加剧攀比心。碎片化的时间本来是可以变成完整的时间的，我们没有想着去整合，而是接受了碎片化的生存方式。发朋友圈，看朋友圈，回应朋友圈的留言，礼尚往来地给别人点赞，都在浪费时间。这是次要的，我们对别人的了解，也仅限于朋友圈，永远不如促膝长谈、面对面的探讨了解得深入，建构出的人与人之间的关系也不如当面交流深厚。在朋友圈的各种晒中，刺激了别人的羡慕嫉妒恨心理，加剧了攀比与竞争的心。这就更需要我们回来，从朋友圈回来，回到事情本身，回到人与人之间近距离相处。

德国哲人胡塞尔提出“回到事物本身”，这是影响了整个西方当代哲学的一个现象学口号。后来海德格尔提出了在不同的时间维度中绽放此在的本真，倾听良心的呼唤。到了萨特，更是提出“存在先于本质”，人的生存被提到了最高的关怀上，人的自由也被赋予了最高的位置。人的自由恰恰不是接受各种信息，被各种外部的信息牵着走，而是回到自身。身在，心在，像打坐时能切实感受到自己的呼吸，自己身体中的地、水、火、风，自己腿部的疼痛。观察它，觉知它，放下它，超越它。做任何事，哪怕非常微小的抬腿、抬手，整理衣服，倒水、喝水、吃饭，都能感受到自己在做什么，而不是知道自己在做什么。这才是身心俱忘的意义。身心俱忘，不是提倡我们都练气功，或者提倡我们都忘了自己，飞向一个虚无缥缈的世界，而恰恰是要我们回来，收心，静下来，慢下来，清楚自己在做什么。

第十二讲　焦虑，你躲过了吗

“生活不止眼前的苟且，还有诗和远方的田野”，这是许巍的歌，高晓松填词、谱曲。很多人喜欢之余也调侃这句话，说：“生活不止眼前的苟且，还有未来更多的苟且。”苟且就是焦虑于现在，妥协于现在，埋头走路，无力看天。我们太多时间沉浸在手机中，浏览各种信息，看各种帖子，玩各种游戏，赞各种朋友圈，实际上，那都是虚的东西，与自己的身心没有多大的关系。一位社会学家说过，我们每天处理的百分之九十的信息都与我们毫无关系。南郭子綦的“吾丧我”，不是无我，恰恰是要把真我找回来，我们要熟悉庄子这种反向的思维方式。

《老子》第十五章说：“孰能浊以静之徐清？孰能安以久动之徐生？”谁能在动荡中安静下来，像水一样慢慢变清澈？谁能在长久的安宁中慢慢生动起来？只有静下来，才能动起来。只有虚空下来，才能再次填满。而日常我们的状态是什么样呢？与庄子描述的非常像，庄子说得非常形象："其寐也魂交，其觉也形开。与接为构，日以心斗。"（《齐物论》）非常形象，非常准确，穿越时空，振聋发聩。他说，我们睡觉的时候灵魂都在交战，醒来的时候各种感官张开，就开始与外物厮杀，心就开始计算、谋划、斗争了。虽千年而下，今天不也是如此吗？我们开头说过，我们做的大多数的梦可能都与焦虑有关。观察人类的实验显示，焦虑梦十分常见，其功能可能是要警告我们提防危险。焦虑梦提醒做梦者警惕、做准备、产生动机，与我们醒时经历的焦虑功能一样。梦中引起焦虑的景况通常是在现实生活中会引发焦虑的事。比如你有重要的考试或重要会议、演讲，你觉得自己的准备不足，结果就梦见进入考场、走上讲台。这种典型的"考试"梦或"当众忘词"梦，都有很清楚的动机功能。

陈鼓应先生课上曾现身说法，说他的焦虑。陈先生已经 84 岁高龄了，他师从著名哲学家方东美、殷海光，是享誉国际的道家文化学者。他撰写的《老子注译及评介》《庄子今注今译》已行销四十余年，成为人们研习老庄的经典读本。陈先生给我们上《庄子》课的时候，一讲到这里就有很多感触。至今还能记得他说"与接为构，日以心斗"时那种终于松了一口气的感觉。他说他在年轻的时候，整天与人打笔仗，对方发一篇，自己回一篇，热血沸腾。可回完了，自己常常就累倒了。口笔之胜，背后是心气斗争，身心不调，也就是后面《人间世》中说的“阴阳之患”，这是迫不得已的勾心斗角，不为什么利益，纯粹是为了观点上的争论。今天这样的口水仗更剧烈了，因为不需要发表在报刊上，直接发表在网上，真刀真枪的，一来一回，速度很快。

大家看崔永元与方舟子，以及后来与很多大佬的口水仗，比如之前崔永元在微博上连番更文，牵出“阴阳合同”“偷税漏税”等话题，真让人看着揪心。崔永元在接受鲁豫访问时说，他打字还很慢，上厕所的时候都在打字，一一回应。当然他带来的是我们对转基因、偷税等很多问题的关注，是有莫大功劳的。我们只是谈论这样的辩论方式，它代表现代人的心理状况。即使我们不与名人辩论，也与身边的人、群里的人在辩论，一言不合就退群，晚上回去便做噩梦，就是这个状况。所以，庄子反思了，如果你先静下来了，有定力了，真理就在那儿，你讲你的，不需要解释，不需要辩论。这需要很高的修为。

辩论是今天常见的形式，比如说很多人都看一档节目《奇葩说》，每一个人都有自己特别鲜明的辩论风格，咆哮辩、傲娇辩、萌辩、柔情辩、花辩……庄子早就把它解构了。庄子描述了各种辩论的场景，每个人的神态，非常逼真，他说：“大言炎炎，小言詹詹……”辩论的人，有的人气焰猛烈，有的人枝枝蔓蔓。他们有的心宽，有的深沉，有的严谨。对小的恐惧惴惴不安，对大的恐惧万分沮丧。他们发言时如同射箭，发言尖巧而生出是非；他们不发言时如同盟誓，在缄默中等待取胜的机会；他们衰颓时如同秋天的肃杀，他们沉溺于有为之中，无法再使他们恢复生气。他们有时喜悦，有时嗔怒，有时悲号，有时快乐，有时臆想，有时嗟叹，有时反复，有时不动，有时轻浮，有时奢华，有时纵情，有时妖冶。

这个场面大家一定熟悉。每个人的口才、胸襟不同，但都想赢，这关系到自己的虚荣心与自尊心。每一句话的背后都有情绪，辩论就是一场情绪的燃烧，根本无关乎输赢。佛教中把这个叫“五阴炽盛”苦，记载在《法苑珠林·八苦部》中，是人生八苦之一。辩论的目的不是学习知识，不是明理，而是赢。辩论就是为了赢。比如当下还有那么一群人，他们被称为“杠精”，是指抬杠成瘾的一个群体。不管别人说的是什么，先反驳挑刺，为了反对而反对，通过反驳别人来凸显自己的优越感，行走江湖总会碰到几个。“杠精”老是抬杠，或许这样他们才能够刷足自己的存在感。而真理是不需要辩的，理解的人自然理解，不理解的人只能慢慢去理解，不能强迫别人理解。真理解了就不需要辩。孔子不言性与天道，为什么？性与天道就在那儿，理解的人就去践行了。这就是老子说的“上士闻道，勤而行之”（《老子·第四十一章》）。孔子说：“天何言哉？四时行焉，百物生焉，天何言哉？”（《论语·述而》）孔子拿天做比喻，天什么也不说，四季轮回，万物生长。老子、庄子，也都主张不言。庄子《则阳》篇说：“言而足，则终日言而尽道；言而不足，则终日言而尽物。”就是说，如果你说话靠谱，每句话都在道上；如果你说话不靠谱，说了一天也都如粪土。

可见，没有必要在辩论上浪费情绪。之后我们会讲到，辩论根本没有胜负可言，因为胜负都是有标准的，标准是人定的，没有绝对公正的、毫无偏见的第三方可以证明谁更有道理。

演员周一围曾在《幻乐之城》节目中演了一个戴着面具的人，非常有意思。他还没有见导演，就抛出了一个很有意义的问题：“作为一个中国人，我们是应该特立独行，还是应该泯然众生？”就是你从众，还是不从众？特立独行敢不敢？要付出什么代价？有没有必要？这涉及一系列的人生哲学的问题。周一围是个非常善于思考、有深度的演员，我很喜欢。在这个节目中，公交车上都是戴面具的人，办公室里都是戴面具的人，他们都不快乐，对别人没有真正的关心，很冷漠，没心思回应别人。我们就是那其中的一员。最后，他们在孩子面前卸下了面具。

可能只有还没上学的孩子是不戴面具的，我们可能也只有在孩子面前才会摘下面具。是周一围的面具，也是我们的面具。

我们都戴着面具，哪怕在家，哪怕一个人时都不是最真实的，都被社会层层塑造过了。不同的地方只在于你戴的面具有几层。而装得时间久了，我们就连真实的自己是什么样也不知道了。面具戴太久，就会长到脸上，再想揭下来，除非伤筋动骨扒皮。庄子说："其形化，其心与之然，可不谓大哀乎?"（《齐物论》）人的外形会改变的，但心为什么也变了？庄子认为，这是最大的悲哀。

心被外物牵扯、撕扯，这是现代性的特征。卡夫卡、加缪等人都有描述。卡夫卡《变形记》描写人一觉醒来变成大甲虫了，这个触目惊心，就是人的异化，人找不到自己了，和甲虫没有两样。加缪的《局外人》也是如此，人渐渐找不到自己了。我曾经去做过心理咨询，才发现原来这个角落有那么多人在痛苦地找自己，找破碎以前的、整合以后的自己。这是与心理医生交流时，心理医生告诉我的：有很多成功的大导演、画家等来他这里咨询，他们很迷茫，不知道怎样活。很多人成功的代价都是放弃自我，直到成功以后想回头寻找自我时，却再也找不到了。

所以，庄子这段讲忘我的静坐，是为了把自己找回来。回到人人都不一样的状态。契诃夫有一篇小说《装在套子里的人》，非常形象，也可以说是《装在面具里的人》。我们很安全地把自己放进去，直到自己再也钻不出来。本来我们都可以是大鹏的，却渐渐失去了飞的勇气。这是现代性的问题。在这个节目中，围绕开头我们说到的从众还是不从众的这个话题，周一围后来说："我觉得这个事是茶余饭后、吃饱喝足之外，可以去聊的一件事吧，要不然的话就没啥意思了。"庄子的思想很前卫，好的思想真的可以穿越时空。那怎么做？庄子有很多方法，《齐物论》就是要解决这个问题的。我们下面就会讲"齐是非""齐物我""齐美丑""齐梦醒""齐生死"等等，一层层超越这些，看看做真实的自己又能被人接受的快乐与幸福是怎样可能的。

第十三讲　辩论怎么了

成心就是偏见，表现在行为上就是偏执。今天很多的“杠精”，为了反驳而反驳，内心就有这种偏见，心气不平。庄子说：“夫随其成心而师之，谁独且无师乎？奚必知代而心自取者有之？愚者与有焉！未成乎心而有是非，是今日适越而昔至也。”（《齐物论》）意思是说人随境遇而产生偏执之心，自以为正确，就一直坚持。谁都有成心，只是多少不同，程度不同。有成心，所以就产生是非。人与人的争论、矛盾，很多就是观念上的不同。尤其今天，一言不合就退群，两言不合就拉黑，都没什么深仇大恨，就是各自的背景不同，观点不同。在一些热点事件上更是如此，各有偏见，所以达不成一致意见，白白伤了和气。庄子说，成心是什么？就是如同今日到越国去，却说昨天已经到了。这早早地、偷偷地就发生在你的身上了，你还不知道。我们太习惯把成心当真理了。学科学的就觉得科学是唯一标准，学国学的就觉得国学是唯一标准，这就麻烦了，全社会都在鸡跟鸭讲，无法对话。

每个人都有成心，庄子指出来的目的当然就是要减少成心，视野越开阔，越能包容不同的观点。孔子讲忠恕之道，就是站在别人的角度去考虑问题，学会理解别人。但理解别人，只是一种修养，一种尊重，不代表自己的偏见就消除了。能理解女博士，但还是把女博士看成第三种人。如果偏见在行为上变成偏执，就麻烦了。

当然，当我们笑别人的时候，我们很可能自己也是那个有“蓬蒿之心”的小鸟，我们自己也有可怕的偏见、成见。我们会遇到各种各样可笑的偏见。每个人都有自己的好恶，偏见体现了这种好恶，但如果被偏见牵着走，让它影响了自己人生的选择，或伤害到了别人，就有问题了。庄子看到的就是这样的是非之争，伤了和气，伤人伤己，完全没有必要。

人时时处处有好坏之分，是因为有是非之分。是非之分从哪儿来呢？从求知来。我们都在求知。最高的知是什么？知识有层次吗？我们在求什么知？我们大多数人求的就是书本上的知识，可以叫科学知识、人文知识和各种专业知识。庄子说古代人不是这样的，古代人的知识有这几个层次：

第一层是“有以为未始有物者，至矣，尽矣，不可以加矣”。这样的人洞察到宇宙中还什么都没有的时候是什么样，其实就是关于道的知识，这样的知识最完备了。第二层是“以为有物矣，而未始有封也”（《齐物论》）。他们洞察已经有万物的世界，但万物还没有区分，也就是混沌的状态。在今天，这是科学家和生物学家做的事，对史前世界的研究，有物，但人还没产生，还没有人的历史。第三层是“以为有封焉，而未始有是非也”。天地万物有区别、有界限了，但没有是非之争，完全是自由自在、百花齐放的状态，这就是文化刚刚产生时的知识。庄子说，这三层知识虽然层层降落，但都还不错，到了第四层就坏了，这就是“是非之彰也，道之所以亏也”，有了是非之分，这样就有争辩、有攻讦了，道也就残缺了。也就是庄子《天下》篇说的：“百家往而不返，必不合矣。后世之学者，不幸不见天地之纯，古人之大体，道术将为天下裂。”关于宇宙整体、关于道的知识我们是没有的。那时候万物一体，没有差别，没有好坏，一切的存在都是合理的，都值得欣赏与赞美，人们没有争端，没有好恶，那是最纯粹的最初的生命状态。

是非产生之后，人就时时处处有好坏之分了。庄子想说的，就是宇宙之初，混混沌沌的状态最美好。人一产生，立刻就有了区分，从性别、力量的区别，到价值观的区别，等级的区别。在现在这个社会，你进了商场，有一些店员对你的态度就取决于你穿什么样的衣服，刷什么样的卡，没有真正的微笑，没有内心的尊重，一切都取决于你的消费能力。

庄子说：“道之所以亏，爱之所以成。”（《齐物论》）爱，就是喜欢、好恶的意思。很多人喜欢通过一个人的工作去判断一个人，但大家要知道，劳动没有高低贵贱之分，任何一份职业都很光荣。我常去一个公园，经常看到一个清洁工大爷坐在长廊里吃东西，很瘦，吃馒头，喝饮料，没有菜，很简单。但如果没有他们，城市和公园都不会那么整洁干净，所以我们更应该尊重他们，尊重他们的劳动成果。

这一段呼应了之前我们讲的齐是非、定标准的问题，哪一个都不是绝对公正的标准，所有的尺子都是人定的，都有它的局限性。庄子说，假如我与你辩论，你胜了我，我没有胜你，你果真就对吗？我果真就不对吗？我胜了你，你没有胜我，我果真就对吗？你果真就不对吗？我和你或者对，或者不对吗？我和你都对吗？我和你都不对吗？我和你都不能知道是非，人本来就有不明白的道理，我能请谁来判断对错呢？找一个与你观点相同的人来判断，既然与你相同，如何能做判断？找一个与我观点相同的人来判断，既然与我相同，又如何能做判断？找一个与我和你的观点都不同的人来判断，既然与我和你都不同，怎么做判断？找一个与我和你的观点都相同的人来判断，既然与我和你都相同，又怎么做判断呢？那么，我与你及他人都不能判断是非，还能等待谁呢？比如一些比赛的评委，他们或许代表了某个领域的权威。从大的方面来看能够评判优劣，但他们也有个人的评判标准和偏好，所以做出的评判决定并非天地之间唯一的标准，世间也不存在这样的标准。如果能够领悟庄子的这个观点，很多因此产生的不理解也都会转瞬消融。

庄子对自我、他人、人与人的竞争、真理，都有清醒的认识。这是客观态度、理性精神。他提出“天倪”这个概念，就是天然的分际。通过自然去融合各种矛盾，因应变化才能无穷无尽。忘记年岁、忘记仁义才能畅游于无穷之境，把自己寄寓于无穷之境中。

第十四讲　诗意和远方在哪里

庄子是第一个反思语言本身的思想家。他说："言非吹也，言者有言。其所言者，特未定也。果有言邪？其未尝有言邪？其以为异于鷇音，亦有辩乎，其无辩乎？"（《齐物论》）他的意思是，语言不是吹过的风，说话的人肯定有要说的内容，但说什么又不是固定的，嘴皮一啪嗒，一句话就出来了，并不是句句都想好了再说，而更多是随机的。庄子说，真的有语言吗？他的意思是，人的语言真的在表达什么特别的意思吗？还是像小鸟一样，只是发出一些声音而已，能被同类听到和理解。我们肯定提不出这个问题，因为我们天天都在说话，觉得这就是语言。庄子提这个问题是因为，他觉得人们讲了太多的废话、偏执的话，只是把语言当作工具，已经偏离了语言的本质。什么意思呢?

语言本来是用来表达真理，表达道的，哪怕是日常语言，它足够生动、真实，也在道上。怕的就是这种人为制造出来的语言系统。所谓专业概念，用一种别人都听不懂的话在那自说自话，这就不是传情达意的语言，而是小鸟的叫声。有人管这叫“黑话”，谁也听不懂，只有他那个小圈子的人能听懂。

庄子说：“道恶乎隐而有真伪？言恶乎隐而有是非？道恶乎往而不存？言恶乎存而不可?”（《齐物论》）庄子对当时的儒墨之争很厌倦，他不禁反思，道去了哪里？才出现了这种“公说公有理，婆说婆有理”的是非争论。语言去了哪里？怎么就成了辩论的工具？当我们辩论的时候，我们真的知道自己在说什么吗？辩论其实就是将自己的偏见扩大，而不是去融合对方的观点形成新的观点。类似成才重要，还是成功重要，当然两个都重要；类似德治好，还是法治好，当然两个各有其好。双方会找各种理由、证据来加强自己这方的立论，事实上各执一词的观点一定只是一个角度，都是偏见。

道不需要辩论，只需要理解、觉知、体验、践行。所以庄子说：“道隐于小成，言隐于荣华。”（《齐物论》）越是小有成就的人，越喜欢辩论，因为他要将自己的成就充分地展示给别人，让别人知道，从而获得更大的满足。道就被这样的小成遮蔽了。真正好的语言、真实的语言、符合道的语言就被那些浮华的语言遮蔽了。很多夸夸其谈的语言，就把真实的语言遮蔽了。

真实的语言是什么样？庄子说：“言而足，则终日言而尽道。”（《则阳》）就是能体现你真实本心的语言，是能触摸灵魂深处的语言，是诗性的语言。这当然不是要求我们每天所说的都是这样的语言，而是说总得有一种能抵达心灵的语言。德国哲学家海德格尔说：“语言是存在家园。”（《存在与时间》）语言是为了抵达内心，表达灵性的生命。仓颉造字，“天雨粟，鬼夜哭”，说的是仓颉创造了文字以后，导致米粟从天而降，鬼魂夜里号哭。说是人类创造了文字以后，一些神秘的东西就没那么神秘了，人类失去了对世界的好奇与敬畏，捅破了这层皮囊，意义便没有了。天知民将饿，所以降米粟；鬼不隐，无处可藏，因此号啕大哭。语言特别珍贵，它不只是个工具，而且是我们的存在方式。你说着什么样的语言，用着什么样的语言，就说明你是个什么样的人。

有一位读中国哲学博士的美国留学生，中文名叫笨笨，他的汉语非常好，对儒家、道家都很有体悟。他有很多惊人的观点。他说：“英语是用来谈生意的，汉语是用来谈感情的。”这是他对英语与汉语的感受。汉字是象形字，可能在表达情感上更有意境。他说你学儒家，就是要做君子，做好人。如果你人不好，就一定读不懂《论语》，理解不了儒家。儒家是一门语言，这门语言就代表君子的存在方式；道家是一门语言，这门语言就代表自由的存在方式。如果你不崇尚自由，一定也读不懂老庄。你看，这是多么有意思的语言与生存、人格的匹配。语言几乎是我们唯一表达自己、建构自己存在意义的方式。语言不一定是说出来的，也可以是绘画、音乐、雕塑，它们就是用来表达我们的人格，展现我们灵性的样子的。生活不都是在谈生意，忙生计，生活还有诗意和远方。这诗意和远方就是灵性的样子，就是体现你存在的一种语言。

有时候在公交车上看中学生，满嘴吐脏话，再看那个校服，名牌学校。他们享受着最好的教育资源，却没有享受到最好的教育。这些学校的升学率很高，考上名牌大学的很多。他们也是那佼佼者中的一个，一般都能考上好的大学，但就是满嘴脏话，就是没有语言，也没有诗意。这样的人将来如果获得了很高的社会地位，是不是一种灾难？传统文化体现在你说什么样的语言，以什么样的方式存在，而不是体现在你会背多少古文，更不体现在你获得了什么样的成功。

前一阵流行的话："只要心中有沙，哪里都是马尔代夫。"我们也可以说，只要我们说着自己心灵的语言，哪里都是诗意和远方。

第十五讲　阴阳的新平衡

《红楼梦》第三十一回有一段史湘云与她的丫鬟翠缕的对话，湘云说："天地间都赋阴阳二气所生，或正或邪，或奇或怪，千变万化，都是阴阳顺逆。……"翠缕道："这么说起来，从古至今，开天辟地，都是些阴阳了?"湘云笑道："糊涂东西，越说越放屁。什么'都是些阴阳'！况且'阴''阳'两个字，还只是一个字：阳尽了就是阴，阴尽了就是阳。不是阴尽了又有一个阳生出来，阳尽了又有个阴生出来。"

史湘云真是个哲学家，她说得非常对，阴阳是一，不是二。阴阳是一个东西，不是两个东西；阴阳代表转化，没有独立的阴和阳。就像只有一个太阳一样，太阳出来就是阳，不出来就是阴。小丫鬟的悟性也很高，好导师带出的好学生，她低头看到了湘云宫绦上的金麒麟，笑道：“姑娘，这个难道也有阴阳？”湘云道：“走兽飞禽，雄为阳，雌为阴；牝为阴，牡为阳。怎么没有呢？”翠缕说人也有阴阳：“姑娘是阳，我就是阴。”

一切都是由阴阳构成，《易传》曰：“一阴一阳之谓道。”阴是太阳照不到的那一面，阳是太阳能照到的那一面，根本不是两个东西，而是两种不同的呈现。你看中国的阴阳鱼，特别有趣，阴阳都有眼，阴中有阳，阳中有阴。没有对立，只有相互成全，相互映照。

庄子说：“物无非彼，物无非是。自彼则不见，自是则知之。故曰：彼出于是，是亦因彼。”（《齐物论》）是与彼，也就是此与彼，A与－A，两个对着的东西。一切有对，没有什么不是阴阳。相对，但非对立。就像手的正面与背面，它们是切分不开的，合为一体的。没有“二”，只有“一”，“二”只是表明它们的位置不同。争辩、辩论是二元对立的思维，针锋相对，就是庄子说的“以是其所非而非其所是”。用自己认为不对的理由来否定对方认为对的理由，为什么不能理解到不对有不对的理由，对有对的理由，二者并不矛盾，只是一体两面呢？这就是我们容易产生矛盾，产生辩论，争得你死我活的原因。

这就是说一切都是相对的，太阳内部有阴阳，太阳与月亮又构成阴阳，太阳与月亮在一个系统里。最大的“一”就是宇宙，宇宙万物是一体的，是我们人为的认知将事物割裂开来。

庄子说的“其成也，毁也”就是这个意思。人的知识越多，分科越细，越容易隔断事物之间的联系。看不到阴阳，只看到对立。

正常的、健康的社会是阴阳合一，而不是阴阳对立；是阴阳平衡，而不是阴阳失调。今天是一个阴阳失调、性别模糊的社会。女性越来越强，就有了“女汉子”这个词。以前女博士叫第三种人，成功女性叫女强人，这些都是有色彩的词。现在叫“女汉子”，因为女性强了以后，眼神可能就不那么温柔了，走路也很干练，做事也雷厉风行，这就与传统的女性特点不同了。有“女汉子”，就有“娘炮”，你看，这就是阴阳失调后产生出的一对新阴阳，是必然的。“女汉子”可能让男性望而却步，“娘炮”可能让女性避之不及。

最近新华社发布了一篇评论叫《“娘炮”之风当休矣》，现在很多年轻人的价值观不是经典塑造的、老师塑造的、家长塑造的，而是媒体塑造的、明星塑造的。明星流行锥子脸，年轻人整容也往锥子脸整。看着地铁里很多小鲜肉的代言海报，我也感到很恍惚，不知道这些人是男的还是女的。人为制造出来的阴阳永远没有自然的阴阳好，它带来很多新的社会现象，同性恋、独身、丁克等等，这都是违背了阴阳创生的观念。不是说这些不对，而是说阴阳不平衡带来的究竟是真的自由，还是假的自由，是观念的进步，还是社会异化的无奈，这是值得思考的。

人生中最大的阴阳是生死。生死不是两个事，而是一个事的两种描述。

庄子说："方生方死，方死方生。"（《齐物论》）这八个字很难理解。大家画一条线，生与死不是起点与终点，而是一个过程，都在这条线上。生命就是每天死一点点，直到死完为止。我们只不过是喜欢提生，不喜欢提死而已。鲁迅的一篇文章就说过，说有一家生了小孩，朋友们都去道贺，大家都说长命百岁，没有一个会说你的孩子是要死的。但这就是事实，每个生命，生就意味着死。因此，庄子提倡"善吾生者，乃所以善吾死也"（《大宗师》），善待你的生，就是善待你的死。不应该快要死了才做临终关怀，而是应该一生都在做临终关怀。海德格尔说："向死而生。"（《存在与时间》）人在去向死的过程中非常清楚，为了死时没有遗憾，让生的过程尽可能地美好。很多发达国家，自杀率都很高。喜剧大师卓别林在《城市之光》中劝说一个要自杀的女孩子，好像在说："死是最不用着急的事。"

一旦看到生与死是同一个过程，就会知道生的每一个时刻都很重要，就不会出现作死的人生观了。及时行乐也好，醉生梦死也好，不作死就不会死也好，都是线性地理解生死，而非循环地理解生死，把死就看成是终点的事。生时作，死时不会得善终的。因为死是生的累积，累积到最后，看看你的积分，生时做得好，行得善，临死就能舒服一些。心中全是过节、怨恨、贪恋，死也死不好的。佛教中也讲，六道轮回，修行修得好的人，我们虽然无法断定死后是不是真的成菩萨道、成人道了，但我们至少可以肯定，这样的人死前是平静的，没有恐惧的，因为他相信善因有善果。

庄子不关心死后变成什么了，但一定焦虑过这个事，否则不会梦到变成蝴蝶。他认为人死后也就像蝴蝶一样栩栩然地飞。一旦在思维层面看到生死是一个事，生死是一对阴阳，对生就不会那么贪恋而忘乎所以，对死也不会那么恐惧而惴惴不安。这是庄子的目的。庄子回答不了死后的问题，但能保持超然的心态。

超越二元对立是个什么样的思维？儒释道都不是二元对立的，很高明，值得学。孔子的学生问孔子有什么本领，孔子说自己“空空如也”，什么也不会，他只不过“叩其两端而竭焉”（《论语・子罕》），就是能看到事物的全部，两端之间的全部，这个了不起！我们一般只能看到最好、最坏两个端点，看不到完整的事物。就像中医开药方子，他们不仅知道最少多少量能有效果，知道最大量吃多少会致死，而且知道根据不同的病情在中间这个地段取不同的量、不同的药来搭配。所以一个病可以有无数个药方，根据病人的年龄、体质、病情、得病时间等等来灵活搭配。这就是很高的智慧了。所以，孔子是了不起的中医，他医的是国。

道家也如此，《老子》第五章说：“多言数穷，不如守中”。守住空，就是不要做二元对立，空的东西和什么对呢？只要有东西，就容易对立，有善就有恶，有美就有丑，有富就有贫。空的东西，是无，就消除对立了。他想说的是人的功夫，心空下来，就会发现“无为而无不为”（《老子·第四十八章》），你没有成心，没有偏见，就会发现其实什么样都可以的，尽力就可以随缘了。关键只在于你尽力了没有，而不是尽力了还放不下，就变成偏执了。有一次，我与留学生笨笨博士在路上走，路过一个流浪汉，我很吃惊地回头看，想弄清楚这个人怎么了。他却说了句：“哦，你看这个人累了，也可以，睡在这里也很好。”天为被，地为床。在这个人人都在伪装、都在意别人如何看待自己的世界里，我突然也就放松下来，觉得是啊，谁说不可以呢？为什么一定要睡在床上呢？这位叫笨笨的研究中国哲学的留学生，口头语就是“也可以，也很好”，他从来不追求更好，却发现该来的都来了，随缘到了中国，随缘读了硕士、博士，随缘出去讲座，做节目，心情也好，生活也不错。这就是空的境界。不偏不执，尽力就好。

佛家也如此，叫安住当下，直下承担。不是不计较结果，而是把当下你能做的事，正在做的事做好就行了。学佛之人的心态是：明天不会更好，也不会更差。所谓平常心，其实就是道家的无为之心，人生最重要的一些事情都不是规划出来的，而是顺其自然，走到那一步，有因就有果，缘到了自然就会发生。

庄子说“圣人不由而照之于天”（《齐物论》），圣人从天来看问题，从天来看人看事，也就是能从整体的、长远的角度看问题，这样就不会被眼前看似对立的两面所困扰了。庄子说：“彼是莫得其偶，谓之道枢。枢始得其环中，以应无穷。是亦一无穷，非亦一无穷也。故曰：‘莫若以明。’”（《齐物论》）你画一个圈，假设你站在这个圈的中间，是空的，不在圈上，你就没有对立面了，只有你自己，而且能看到整个圈上的情况。如果你在圈上画一个直径，你与对面那个点就是对立的。所以，庄子能超越是非、生死。他说是有是的道理，非有非的道理，相互发明就好了，相互看看对方，了解更多，就更清楚了，这就是“以明”。

第十六讲　六十分的人设也很棒

我们不用为了别人做到 100 分，也不要去要求别人 100 分。一个对自己苛刻的人，对别人也容易苛刻。我们要尊重一个人的实际情况。不去拼命拔高自己，更不能强制性地想要改变别人。

很多人不知不觉地被概念框住，所以庄子说，要说概念的话，只有一个大概念就是“天地”。天地万物不同的命名都是人定的，概念越多，人越容易变死板。庄子说：“可乎可，不可乎不可。道行之而成，物谓之而然。”（《齐物论》）一件事情，可以还是不可以，都有它的道理，没有绝对的。道是走出来的，不是一个死的行为准则，说你按照这样走，就是道。事物的名称是人给定的，因此，不要被名称限制住。

什么叫活在概念里？就是你认为这样才是，这样才对，不这样就不行。譬如，一个朋友认为背着吉他的就不是成熟、稳重的人，然后就关闭了他们之间的信息通道。事实上，是否弹吉他根本无法说明一个人成不成熟、稳不稳重。往大的说，很多人活在爱情这个概念中，认为爱情是什么样子的，都有一个成见在那里。譬如认为爱情是浪漫的；爱情就是对方应该为自己付出；爱情就是欣赏，就是吸引，就是要走向婚姻；等等。你会发现实际发生着的生活不是这样的，爱情只是两个人之间的一种关系，是一种感受，没有概念可以遵循，符合概念的就不是爱情了。爱情也未必会带来婚姻，婚姻中的爱情也未必能长久，如果活在概念中，就会愕然，会对爱情失望，对婚姻恐惧。

有一部纪录片叫《幸福定格》，台湾导演沈可尚的团队花了7年跟拍8对夫妻从相恋到结婚、生子的过程，他们开诚布公，质问对方日常生活中不会轻易触及的话题，从结婚的原因到婆媳问题，从夫妻生活到生育孩子……讨论了为什么结婚后生活不再有激情了。片中认为婚姻中真正的伤害是沉默，婚姻出现问题是因为没有耐心去深刻地理解对方。“在层层经验的堆积后，婚姻会淬炼成另一种情感，比爱情更巨大，可能更接近生命的亲密”。爱情的激情不是失去了，也不是转化了，而是升华了，像凤凰涅槃一样，经过最近距离的事无巨细的生活中的磨合，最后升华成一种更稳定、更亲密的情感。片中还提到，最好的伴侣是 60 分的丈夫或妻子，最好的妈妈是 60 分的妈妈，因为人人都有阴暗的一面。如同心理学家荣格说的，没有人能完美到符合对方的要求，你对对方要求越多，矛盾就越多，最好的夫妻关系是深厚而亲密，对待婚姻最好的态度是“一年续约一次”，这样双方都不会懈怠，也不会提出很多要求。你看，哪里有关于爱情、关于婚姻的概念？

什么可以做，什么不可以做，什么是对，什么是错，这个标准也不是绝对的，都是要根据具体情境、背景来看。我讲《老子》的自然时，问学生，你觉得整容自然吗？中国的学生不假思索地说：“不自然。”韩国的学生立马举手说：“不，我觉得很自然，我们大多数都会微整。”所以，庄子说：“恶乎然？然于然。恶乎不然？不然于不然。物固有所然，物固有所可；无物不然，无物不可。”（《齐物论》）什么意思呢？就是事物这样有这样的原因，不这样有不这样的原因，每个事物都有它自身存在的合理性，没有什么例外。

有句公益广告词叫：没有买卖，就没有杀戮。我们也可以说：没有比较，就没有伤害。孩子之间比较，别人报什么兴趣班，你就报什么兴趣班，结果孩子成了满足你虚荣心的工具。孩子来到这个世界是来看看这个世界，陪伴我们一段的。演员周一围说：“每个孩子都是自带剧本来的。”我特别赞成这句话。

孩子有自己的剧本，并且，他们是他们自己的导演，我们作为家长提供的只是舞台。他们有自己的路要走，得放手让他们去经历，去体会，去碰壁，去成长，不能全权代劳。家长厉害了，全权代理了孩子的生活，不停地期盼，不停地要求，不停地规划孩子的一生，孩子成了家长的工具，这么美好的生命，带他们来世上干什么？这是比较的结果。孩子没有兴趣，勉强去学，最后还要考级，这是对孩子童年的生吞活剥。

孩子与孩子比较，产生了紧张心理，焦虑心理。很多孩子从幼儿园就开始学英语了，汉语都还没学会，就是因为看到别的孩子在学英语。孩子几乎个个都学钢琴，然后去考级，就是因为别人学了。孩子一生中唯一的童年就在跑各种所谓的“兴趣班”中度过了。

人与人比较，会产生不平衡心理，羡慕嫉妒恨的心理。吐槽、怼、杠精，这些网络流行词都反映了人背后的不平衡心理，用黑色幽默的方式来化解而已。与他人比，你会觉得自己的老婆不够漂亮，自己的老公不够有钱，自己的学历不够高，等等。家庭的气氛就不对，心中就有无形的怨气，通过各种方式发泄出来。总有比你老婆漂亮的人，也总有比你老公有钱的人，也总有比你孩子有天赋的孩子，那你何以自处？发现你自己的特点，过适合自己的生活，如此而已。有一天我打了一个滴滴网约车，我跟司机说，他这车子真好，还能做背部按摩。他回答说："是的，我够吃够喝，我觉得这就是最好的时代、最好的生活，我从来不和任何人比。"

比较的结果是带来无尽的焦虑，却不能解决问题。比较，都是站在人的角度看问题。如果站在天的角度看问题，人类不过就是一个在宇宙中生活一段时间的物种。人的生活没有本质的差别。大家在不同的境域中不同的命运下过自己的生活而已。你与别人需要协同合作，合作会带来更多的便利和利益，如此而已。结果却落到了"人比人，气死人"的小格局，这背后恰恰折射出内心的弱小。圣人是不需要和任何人比的。而这种比是永无止境的，天外有天，人外有人。即使你有了乔布斯的财富，最后的结果依然是走向死亡，结局是平等的。这一生为什么要望着一个只是在某个方面比自己强的人过一辈子呢？

庄子认为，人与人没有可比性，每个人都是独特的。大小、美丑、贵贱、是非、生死都是相对的。他说："故为是举莛与楹，厉与西施，恢恑憰怪，道通为一。"（《齐物论》）他认为，小草的根茎很弱小，房屋的柱子很粗壮，有的人丑陋，西施很美丽，但是从道的角度看都是一样的。也就是说，各类奇葩，都是表面的不同，无非是长相、形状、高矮、胖瘦这些特征上的差别，其实都是大同小异，从更大的范围看都是一样的。

大家坐地铁的时候，早晚上下班高峰期人很多，楼梯上黑压压一片的人，你望过去，这些人有什么不同？都是一个个移动的小黑点。大家坐飞机的时候，飞机慢慢起飞，你看到下面的楼房一点点变矮，变小，最后变成了小点点，消失了，只剩下满天的云，天底下的一切事物有什么区别？你站在天桥上看桥下车来车往，看上一天，这些车有什么区别？这就是视野的问题，越是站在远处、高处，整体地看人，越发现，不同是在比较中产生的。越在高处，越在远处，越没有比较的对象，感受到的就越是相同，而非不同。

比较，就是对他人标准的妥协。什么是财富，什么是美貌，这些都是他人制定出来的标准，让很多人趋之若鹜。你开始与别人比较时，就输了。2017 年有一本全球畅销的书叫《未来简史》，赫拉利在里面就提到，社会制定出各种标准，各种奇葩的价值观，背后的实质都是一种资本运作，把所有人都卷进去，来完成资本的高度集中。所以，跳出来，过自己想要的生活，而不是过比别人更好的生活。

《德充符》篇说："自其异者而视之，肝胆楚越也；自其同者而视之，万物皆一也。"你越是从不同的角度看，越觉得差异大，肝与胆好像也离得十万八千里；若从相同的一面看，就觉得没什么差异，譬如所有人都要死的，生命对每个人都是公平的，都是从生到死的过程，这么短的时间，不足以拿来和别人比，而是要让这个过程多姿多彩，取悦自己。这是道家的观点。道家是有个性，但不极端。追求你自己的自由，像大鹏一样飞起，不怕鸟笑，不畏人言，这是个性。但同时看到你与万物没什么本质的不同，都是宇宙中极其渺小、微不足道的一个存在物，也就没什么不可一世的，否则就容易走极端，就过了，就会犯错误。一个人再厉害，他也只是在自己的领域中符合了这个领域制定的成功的标准而已，换一个领域就不管用了。“隔行如隔山”就是这个道理。

“恢恑憰怪，道通为一”，陈鼓应先生上课时最爱吟诵这几个字，用他带有福建腔的话慢慢道出。他是这样说的，也是这样做的。他上课时讲过一个例子，有一次他坐着车从北京大学一个只能走车的门进去，雨哗哗地下。有个新生门卫不让进。陈先生从车后镜看到了，立刻让司机停车，下去和那个保安理论，他说：“为什么我能进，她不能进？这不公平。”保安说：“因为您是北大的老师。”陈先生就叫那个学生上了他的车，说：“这下我们可以走了吧。”一件小事，却体现出他对学生那种平等相待的态度。

他还讲过一个故事，他的孩子在美国，生了个混血儿，他说他在美国抱着这个小孩，这个小孩连一个汉字都不会说。他很失落，自己研究了一辈子中国的学问，孩子却连中文都不会。但是他抱着孩子的时候，嘴里就念叨：“非我族类，非我族类，但是，道通为一，道通为一。”这是平等地对待不同的族类，在观念上没有偏见。

从道的角度看问题，就是从更大的视野、更长远的角度看问题，这样才能看到万物的平等，不仅是人与人，人与蚂蚁也没有实质性的区别，只是生命长短不同，都是遵循本性存活一段而已。人会被各种价值观左右，但如果没有偏见，就会从容不迫地活出自己的人生。

第十七讲　朝三暮四的猴子

朝三暮四，这个成语大家都熟悉，多用来形容人的花心，但是这个寓言其实出自《庄子》。用庄子的思维来看，3 与 4 是分，7 是合。如果只看到 3 与 4，而看不到 7，那就叫“朝三暮四”。朝三暮四的典故出自这里。它最开始说的是猴子，不是人。这个故事说，有个养猴子的人，早上喂猴子吃橡子，跟它们说：“早上给你们 3 个，晚上给你们 4 个，可以吗?”猴子们一听说早上只给 3 个，很生气。养猴子的人又说：“好吧，那改成早上给你们吃 4 个，晚上给你们吃 3 个，如何?”猴子们都很高兴。

庄子说，3＋4 与 4＋3，没什么不同，一天都吃 7 个。实质没有不同，只是名称不同，却带来喜怒哀乐情绪的不同，猴子们真可笑。实际上借此比喻我们人患得患失，只看眼前，喜怒哀乐，都因当下。如果是诗人，当然可以的，诗人要靠这些情绪与情感来写诗。哲学家与诗人的不同就在于，哲学家不会被情绪与情感左右，因为他们通常会通过理性来化解情绪。所以，庄子说，为什么要绞尽脑汁去寻找万物的相同之处呢？万物本来就是相同的，就像 3＋4 与 4＋3 一样，你不能只看养猴子的人嘴里先啪嗒出哪个数字来，听到 3 就不高兴，听到 4 就高兴。它们是一样的，总数都是 7。我们也经常被别人用“朝三暮四”给忽悠了。

患得患失也是人的常态，这是人性中的不安全感的体现。我遇到过一个大一的新生，他问我说：“考研好考吗？”我说：“只要努力，应该不难吧。”他问：“如果考上了，考博好考吗？”我说：“只要你喜欢这个专业，应该不难吧。”他又问我：“你觉得博士毕业了，在北京能找到工作吗？”我说：“有博士学历，应该好找吧。”他说：“那工作单位能给户口吗？”我说：“只要是高校，应该都给户口吧。”他又问：“有户口了，在北京能买得起房子吗？”我就无语了，我心里想：“你干脆直接问问，人生下来会不会死吧。”

这就是《古诗十九首》里说的“生年不满百，常怀千岁忧”。短短的一生，全用来忧虑都不够。这主要是患得，就是得到了也不安全，得到了怕得到的不够多，得到多了又怕失去。

很多人就在这样的情绪中不安地度过一生。庄子说，都是一样的，得与失没有那么大的差别。只是我们在人生的每个关口只能有一个选择而已。很多时候，这个选择只是在当时看来是最好的，选择了另一个，未必就不好。

可能有人会说，这与大鹏奋起高飞，飞到南冥，不就有矛盾了吗？大鹏与小鸟不就没区别了吗？我的回答是，不矛盾。这是个心态的问题，你选择高飞，不是因为这个选择更好，而是这个选择更适合你的本性，是你的理想，而不代表小鸟的生活就不好。大鹏与小鸟，在价值上是平等的，没什么区别，但体验不同，人生境界也就不同了，眼界也就不同了。你体验过北京的生活，与只在小山村生活就不同；你体验过国外的生活，与只在中国生活一定不同。因为你的视野广了，看问题就不一样了。大鹏得到的是精神的自由，也许失去的是如同一群人在街头吃火锅的简单的快乐；小鸟得到的是安逸，也许失去的是看更精彩的世界的机会。二者价值平等而境界有别。

一生无论怎样选择，它一定是起起伏伏的。无论你怎样经营，没有只得不失的人生。所有成功的人都有缺憾，不同只在于他们愿不愿意示人。大成功者必有大遗憾，或者成功不能长久，因为这是阴阳的道理。你看《红楼梦》中的女儿们，享尽荣华富贵，最后呼啦啦大厦倾倒，盛筵终散，各自飘零，从云端的生活跌落成泥。所以庄子认为，到人生的终点看一看，只要你还活着，这一生的得失参半。就像弘一法师临死时写的四个字：悲欣交集。人生就是悲欣参半的。而且越是享受了快乐，越会有相同烈度的痛苦在等着你。那是不是说我们的人生就不努力了呢？反正有生就有死，有兴就有亡，有得就有失，有乐就有苦。当然不是，你可以适可而止，停在刚刚好的地方。

老子说："物壮则老。"（《老子·第三十章》）做得太过了，得的太多了，很快就走下坡路了。就像坐过山车一样，一下子冲到高处，只能有一条路可走，就是往下坠。所以，不要太壮，不要太过分，细水长流就好了。老子说："知止可以不殆。"（《老子·第三十二章》）知道什么时候停下来，你才能不危险。该停下来就要停下来。你看那些贪官，竟然上亿地贪；你看那些明星，拿了那么高的片酬，还不纳税。让人不能停下来的是贪欲，贪欲会让你的快乐很快到达高峰，也会很快结束。就像炒股一样，有涨就有跌。

只看到眼前的得失，就会有是非之争。猴子们只看到3，所以与养猴人横眉冷对。有智慧的人怎么做呢？庄子说："圣人和之以是非，而休乎天钧。"（《齐物论》）智慧的人看到天然的均等，从宇宙这个整体来看，得失就没那么重要了。

在《德充符》中会看到，庄子举了很多残疾人的例子，有个人失去了一只脚，也就当作身上掉下了一块土而已。这个心态多开阔。就当是女娲造人的时候太困了，忘了给你捏另一只脚就睡着了。从大自然的造化来说，高矮胖瘦，美丑祸福，都是没有根本差异的。我们常常不是因为别人怎么看，而是因为自己接受不了这样的自己。如果你自己都接受不了自己，怎么能期待别人接受你呢?

庄子说，如果阴阳两面都能看到，这个叫“两行”。只有从天、从道、从更广阔的视野去看，才能看到两面。两行就是两端都看到，就不会因为得而得意忘形，也不会因为失而心灰意冷，心态才是平静的、温润的。

事实上，大多数人每天就是盯着自己看，所有的野心都是用来让自己更强、更好，一切都是围绕着自己的目标。从“我”出发，没有空闲来想别人的。连夫妻、爱人、恋人，甚至父母与孩子之间，都懒得去想对方的感受，去好好理解对方。人们常常有的感受是：为什么我付出了却没得到回报？为什么我爱你，你却不爱我？为什么你不能满足我最起码的要求？为什么我错过了这次幸运的机会？为什么我没有遇到这么好的事？等等。这些都是从“我”出发，就会理所当然地认为，我付出了，我很强，我某个方面很厉害，就应该怎样怎样，却忘了这只是你的野心，你的想法，你的逻辑，你的角度，你的世界观。别人为什么要回报你？为什么一定要爱你？为什么要满足你的要求？为什么要把幸运的机会留给你？一旦理解了对方的一切，你就不会这样想问题了。

真正领悟了经典的人，很少会完全站在自我的角度去看事情。人只有贪欲，就充满了自我与自私，人与人之间的关系就充满了紧张与戾气。人如果像一个野心勃勃的兽，得不到，成功不了，别人达不到他的要求，就怒不可遏，不能理解，不能接受，备感屈辱。所有的暴力事件都是这么产生的。新闻报道的那个被电动车挡了一下路的宝马哥，就因为你挡了他的路，哪怕你是在非机动车道上，就因为你在他前面挡了他的路，他就要打你，打还不解气，还要拿刀砍你，结果多行不义必自毙，自己反被砍死了。这件事，为什么那么多网友站在了电动车车主的一面，因为这种戾气会伤害到每一个人。还有睡觉被小孩敲门吵醒，就砍了小孩二十多刀的那位，我们不禁要问一问，现在人都怎么了？他们的思维就是刚才说的：我比一切都重要，我所有的辛苦都是为了我自己更好，你让我不爽了，我就泄愤到你身上。

自己努力得到的一切，都是别人成全的，没有天时、地利、人和，你什么都得不到。生而为人，除了少数的天才，大多数人的智商、能力没那么大的差距，没什么道理说你就必须成功，别人就不行，就应该失败。俗话说，“前半夜想想自己，后半夜想想别人”，如果我们不能像圣人、君子、至人一样，事事先考虑别人的感受，我们至少在处心积虑想完了自己之后，再留点时间想想别人。想想别人，不等于牺牲自己，成全他人，从别人的角度考虑问题是很高的智慧，是能让你取得更大的成功或更顺利地走向成功的，因为你所有的人际关系都是和谐的。否则，再大的成功也是脆弱的，随时会阴沟里翻船，一个关系搞不好，可能就会让你前功尽弃。

第十八讲　成功的失败

庄子说："果且有成与亏乎哉？果且无成与亏乎哉？"（《齐物论》）成与亏，其实就是成与败。二者有多大的差别呢？标准是谁定的呢？他说昭文这个人很厉害，就因为有成与败这个概念，他就拼命学弹琴，就弹了一辈子；师旷这个人擅长打拍子，就打了一辈子；惠施这个人擅长冥想思辨，就倚着树整天在那想问题，诸如鸡是不是三只脚啊，山是不是比谁高啊之类的问题。这三个人都很厉害，坚持一件事一辈子，很有名。昭文的儿子也弹了一辈子琴。他们当然都是热爱弹琴，热爱打拍子，热爱冥想思辨的，但他们成就了自己了吗？他们自由吗？他们一生就被这个美名累住了，将这个偏好做了一辈子，好像这就是生命的全部。

庄子不以为然，这样的人心里能游得起来吗？生命真的需要把一个擅长的东西变成职业，然后只从事这个职业一辈子吗？庄子说，不是的，他们擅长，所以炫耀了一辈子。他们被虚荣心控制了一辈子。说到这里，肯定有很多人要反驳我。之前有一个音乐家听我讲庄子，就反驳我，她说像这样的观点，还有音乐家吗？

庄子会这样回答你："有音乐，没有音乐家。"做音乐家当然很好，但庄子的意思是，我们的初心是什么？是音乐。音乐是什么？在心为志，发言为声。音乐是用来表达内心感情的，它本来不是一个职业，更不是一个人一辈子必须从事的职业。如果从事了，也别偏执。喜欢音乐的初衷就是喜欢，就是热爱。一旦你成名成家了，就难免为名为利而做这件事了。排得满满的演出真的是你需要的吗？听到大家掌声雷动真的是你弹琴的目的吗？庄子说，即便你热爱一样东西，也未必要把它做成功。即便你做成功了，也未必要做一辈子。庄子只是提供了另一个角度，他关心的不是你是否成名成家，是否丰富了这个时代的文化，而是你的内心是否自由。

陶渊明很擅长弹琴，但他家挂了一个无弦琴。他说："但识琴中趣，何劳弦上声？"（《晋书》）我理解弹琴是怎么回事，干吗一定要弹好呢？随便抚弄几下，寄托心境，调节一下自己感情与情绪就好了。庄子在这个地方又提了一遍，说："为是不用而寓诸庸，此之谓以明。”（《齐物论》）就是说，你得用到生活中来，音乐也好，哲学也好，它的本质并不是个专业，而是生活，渗透到生活中，流溢出来，让人充实、美好，这就是才华，这就是文化的根本。文化不是表演给人看的，文化是生活方式，是一个人取悦自己、安顿心灵、美化生活、陶冶情操的方式。

如果你在某个领域成为独孤求败了，那就看看别的山头。生命不是只有一个主干，长到云霄，而是枝枝叶叶都齐备了才是一棵参天大树。当我们把热爱变成专业，把专业变成事业，把事业变成名利，就不快乐了。我们要做天下第一，做自己领域的第一，标准在哪里呢？标准是谁定的呢？其实成功只是各自把上天赋予的禀赋发挥出来了而已。庄子说：“天下莫大于秋豪之末，而大山为小；莫寿乎殇子，而彭祖为夭。”（《齐物论》）往小了比，有比动物身上的毫毛还小的；往大了比，太山也不算大；与短命的比，夭折的孩子不算短命，还有很多生物只能活一天，像庄子之前说的朝生暮死的“朝菌”；与长寿的比，活了八百年的彭祖也不算什么，还有活几千年的树呢。

因此，你只是与一部分这个领域中的人比，感觉自己特别成功，特别有成就，比得自己很累，拼得自己很辛苦。庄子说：“天地与我并生，而万物与我为一。”（《齐物论》）天地虽在我先，但没有我时，天地于我没有意义，就是后来王阳明说的

“心外无物”。我出生时，天地与我才产生了关联，从物理上说，天地先我生；从哲学上说，天地与我同时生。这是就意义而言，我未生时，天地于我没什么意义。万物与我是一体的，因为最初肯定是一个东西，生出了万物。万物息息相通，都在一个体系中。庄子说，如果你感受到这个层次了，就不会与人比了，更不会为了与人比出个第一，一辈子被自己热爱的东西所累。

成功没有标准，标准是人定的，譬如你要赚多少钱，要上什么样的大学，要有房有车、有儿有女，这些都未必是你想要的，都是众人定出的标准。成功的标准就是大多数人希望这样。但我们每个人是独立的个体，你是少数，不代表你不对，而是代表你独特。

庄子讲了一段王倪与啮缺的对话，王倪是老师，啮缺是学生，都是古代得道的隐士，被列入《高士传》。学生问老师："子知物之所同是乎?”你知道事物有共同的标准吗？老师说："吾恶乎知之!”我怎么知道呢！啮缺很不解，继续问："子知子之所不知邪?”你知道你所不知道的吗？王倪说："我怎么知道呢!”学生更困惑了，又问："然则物无知邪?”王倪又给了同样的回答："吾恶乎知之!”这个学生该多么绝望啊。

这就是著名的“三问三不知”的故事。老师说，我哪里知道有什么标准？这是反问，意思是事物没什么标准，没有一个尺子可以量所有的事物。但也不意味着事物没有标准，只不过这个标准是人为设定的，大多数人定的，社会约定俗成的。没有标准，我们如何评判事物呢？这就是个问题了。老师没有直接回答他的任何一个问题，为什么呢？王倪说："你何以知道我所说的'知'就不是'不知'呢？你何以知道我所说的'不知'就不是'知'呢？"也就是说，告诉你答案是没有用的，我说的知只是我知的界限，还有比我更知的；我说的不知是我对知有更高的要求，不代表真的不知。

老师很聪明，不给答案，但举了下面几个非常生动的例子。老师问："人睡在潮湿的地方，腰就会疼痛或坏死，泥鳅会这样吗？"这个发问很了不起，我小时候经常吃泥鳅，从没想过这个问题。庄子用生活中活生生的例子来发问，泥鳅本来就生活在水中，它会腰疼吗？他接着说："人如果住在树上就会惴惴不安，猿猴会这样吗？"泥鳅睡在泥里，猴子睡在树上，人睡在床上，你能说清楚，这三种哪个是好的住处呢？哪有什么标准，分明就是因人而异。

老师又问："人喜欢吃家畜的肉，麋鹿喜欢吃美草，蜈蚣喜欢吃小蛇，猫头鹰和乌鸦喜欢吃老鼠，这四类动物谁知道哪个算是美味呢？"小时候我在农村，每天要割猪草喂猪，把草用铡刀铡得细细的，再拌上点麸皮，猪吃得特别香，呱唧呱唧的，还互相抢。我在旁边看着就不理解，我还拿一根草放嘴里吃试试，发现一点也不好吃。可见，好吃不好吃，也是没有标准的。

下面的例子就从动物过渡到人了。老师问："猿与猵狙作配偶，麋与鹿交合，泥鳅与鱼同游。毛嫱与丽姬，人皆以为美，但是鱼见了就潜入水底，鸟见了就飞向高处，麋鹿见了就头也不回地走开，这四种动物谁知道什么才是真正的美色呢?""猿猵狙"，"猿"是猴子的一种，猴子有猿、猴等好几种，类似牛有黄牛、水牛的分别一样。猴子里头有一种猴，以"猵狙"为雌。"麋"和"鹿"没有父母、兄弟、姐妹的分别，互相交配。"鱼"与"鳅"做好朋友，甚至它们互相交配。毛嫱是越王的小妾，丽姬是晋国的宠妃，都是当时的大美女。但是鱼见到就吓跑了，鸟见到也飞了，它们并不觉得美，而是觉得吓人。你让某美女站在河边，鱼儿会说："你怎么长成这个样子？脚太大，身太长，还一头的黑毛!"鱼儿理都不理你就跑了。你的美折服不了它。

老师这几个反问非常漂亮，这样的问答方式效果非常好。最好的回答就是提出更难的问题。他举例子当然是为了说明人的问题，一切标准都是人为制定的，别被它框住。

第十九讲　放下心中的尺子

每个人每天都穿梭在别人的评价中，每时每刻。这尺子掌握在别人那里，是社会的平均状态，是社会约定俗成而很少有人能突破的。我们自己心中也有个尺子，互相量，互相评头论足，甚至针锋相对。

我在北京的 798 艺术区看过一个影像展，故事说的是一个女孩有一只手有六个手指头，她妈妈希望她做手术切掉那个多余的，她爸爸则尊重女孩的意思，不想让她切掉。本来这女孩没觉得有什么，她爸爸妈妈却为了这个天天吵架，女孩最后精神有了问题，自己把那个多余的手指头切了下来。这个作品还展示了一个塑胶的假的手指头，特别触目惊心。这一家人可能不知道庄子有一篇叫《骈拇》，说的就是多长了手指头的人，庄子觉得这个很自然，为什么要被所谓的正常人的尺子来量呢？所谓正常，不是因为他们的存在更合理，而只是因为他们是大多数。

首先自己得逃出别人的尺子，定得住。就是我们《逍遥游》中说的："举世而非之而不加沮，定乎内外之分，辩乎荣辱之境"。知道什么是内在的，什么是外在的。要知道生命的尊贵不是因为你的长相，不是因为你拥有什么，不是因为你有什么才能，而是因为这就是你，你这个生命本身值得尊重，值得爱。这也是一位心理咨询师曾经跟我说过的话。这是个没学过道家，却懂道家的人。我们先自己能逃出别人的尺子，过自己心理这一关。无论我们天生是什么样，后天活成了什么样，你的存在本身就是价值，是个生命就应该被尊重被爱，而不是因为你符合了别人的尺子。

我们既要超越别人的尺子，也要放下自己量人的尺子。我们往往感觉到的是别人在量我们，其实在我们的内心深处也在量别人，只是不容易察觉。我们对别人带来的不舒服很敏感，很在意，对自己量别人的时候给别人带来的苦恼却很难感受到。

为什么在择偶的时候，我们要考虑对方的很多方面，你选择什么样的人，就代表你心中的尺子是什么，这个是最真实的。你在意对方有没有房，有没有车，那你量人的尺子就是钱，就是物质，这没什么不对，但要承认这是你的尺子；你在意对方的长相和身高，那你量人的尺子就是外貌；你在意对方的学历，那你量人的尺子就是学历；你在意对方的才华，那你量人的尺子就是才华。认识自己，这个最重要。否则，你找来找去，发现都不是自己想要的，因为你逃避真实的自己。人接受别人很难，接受自己更难。越是真实的我们越会逃避，我们避开自己的缺点，逃避自己的软弱，逃避自己的无知，逃避自己的虚荣，就是自己给自己设限，最后得到不是自己想要的。当我们完全了解自己的尺子，并且观照它，放下它时，才能有力量避开别人的尺子。因为你认识自己了，就有定见了。放下尺子，不是放下努力，而是不用尺子去量别人，分出个高低贵贱，而只是随缘，接受不同，这样才能保持互相的理解和尊重，你的尺子才不会伤害到别人。

庄子还讲了一个丽姬的故事。丽姬是丽戎国艾地守疆人的女儿，丽戎国战败了，晋献公得到了她。她离开丽戎去晋国的时候，哭得稀里哗啦的。后来到了晋王的住所，与晋王躺在舒适的床上，一起吃着美味佳肴，她后悔地说："当年我哭什么哭呀?"

这个女孩子哭，是因为担心到晋国过不好，到了发现享受的是荣华富贵。真是"此一时，彼一时"，人生的境遇就是这样变化莫测。我们的情感与情绪却很容易产生波动，当时要死要活的，之后会觉得很可笑。这个现象很有意思。当下发生的事，我们总是当时产生情绪，不会想太远，不会控制自己的情绪。人就在各种情绪的起伏中受尽煎熬。联系我们之前讲的，从长远看一看，对不可测的未来没有必要投入恐惧，要抱着未来不会更好，也不会更坏，安住当下的心。因为当下决定未来，把所有的努力放在当下，未来是在一个个当下中得到确定。丽姬很幸运，她不用努力，得到了大王的宠爱，回首过去，觉得那时候的悲伤是多余的。如果可以，很多现在的自己都愿意返回去，安慰过去的那个自己。

庄子要讲的意思远不止如此，他在故事的最后说："予恶乎知夫死者不悔其始之蕲生乎？"（《齐物论》）我怎么知道死去的人不后悔他曾那样恋生呢？原来他讲丽姬是为了讲生死。我们活着的时候，索求太多，想要的太多，对得失太过重视，没有随遇而安、随缘而乐的心，谁知道死的时候不会后悔这样活呢？

庄子假定死了以后很舒服的话，会很后悔活着时的恐惧。这就提出了一个问题，到底是拼搏的一生不会后悔，还是超然的一生不会后悔？庄子觉得人生不是因为你拼搏了就会得到想要的，相反，你越是抓得紧，越是得不到，心情越会更糟。早知道今后人生会更好，人就不会为今天对未来的担忧而哭泣；早知道人生就是个越走越少的路程，就不用走得那么辛苦。庄子要说的是，生时没有必要贪婪，否则死的时候会后悔没有超然、开心地活过。

人生处处都是无常，但我们意识到无常却常常很晚，接受无常也很难。在庄子眼中，一切都有阴阳，当我们在低谷时，要想到朝三暮四的故事，“名实未亏而喜怒为用”。从整个人生来看的话，这一时的得失没那么重要。得不狂喜，失不沮丧。生活的意义不是在情绪上，而恰恰在情绪的自我控制上，生活本身才能原汁原味地呈现出来。千万不要为了未来更好而牺牲现在，未来未必是你想的那样，不可控的因素很多。每一个当下才是生活的本质。你早年好，中晚年未必好；早年差，中晚年未必差。

无常就是所有事情的发生不会提前告诉你，它就这样发生了，没有人会给你理由，给你解释。所以，庄子对生的各种名利的不执着，不是享乐主义，不是无所事事，更不是消极，相反，其实是时时都有准备，面对无常。《周易》认为，变化是唯一的不变，变化就是无常。小的变化我们容易接受，大的变故我们措手不及。

无常有两种，一种是你付出了很多，还是失去了，类似一份感情的结束；另一种是你完全没有准备，就发生了，类似意外事故。这个会让人瞬间体会到无常。所以，佛教说人生八苦——生、老、病、死、怨憎会、爱别离、五阴炽盛、求不得，这些都是无常，没有认识无常，没有修炼你的心去接受无常，所以就会觉得苦。真的勘破了无常，就能离苦得乐。这不是无情，不是冷漠，而是无论付诸什么样的情感与情绪，都挡不住无常的脚步，顺其自然就好了。

第二十讲　最伟大的造梦师

庄子是个爱做梦的人，否则写不出这么多对梦的思考，庄周梦蝶尤其精彩。

梦与醒的差别很大。庄子说："梦饮酒者，旦而哭泣；梦哭泣者，旦而田猎。"（《齐物论》）做梦梦到自己在喝酒，早上起来却遇到不开心的事，痛哭流涕；梦到自己哭了，早上起来去打猎，又特别开心。庄子并不是真的讲梦，而是讲我们的生活，讲我们的心，心与外物之间的关系，外物不是你能控制得了的。心想的都是更好，外物却有它运行的轨迹。你的生存世界是整个宇宙，而不是你的内心可控的那个部分。

最有意思的是，我们做梦的时候不知道自己在做梦，在梦中把一切都当作真的，所以才会笑，才会哭。醒了会很失落，会茫然，甚至会惊讶，梦中怎么那么真实？梦是意识的反映，意识会把大脑中各种碎片化的信息重新组合，你脑子中残留什么，保留了什么，期待什么，都会在梦中反映出来。不是这几天，这几年的，按佛教的说法，是所有前世累积的。从某种意义上讲，我们都不是到爸爸妈妈这一代才生出来的，我们追根溯源，都是第一个人生出来的，类似集体无意识。我们也有一些集体信息记忆库，梦中随便调出来，真切无比。庄子想说的是，你醒着的时候，哭啊，笑啊，觉得真切无比，但那也可能是一个梦。因为这是你自以为真实的生活情境，掐一掐自己的胳膊，感觉疼，所以确认这是真实的。其实这也是很可笑的，在梦中，你也会觉得疼的，觉得恐惧的，觉得伤心的。很多人做梦会哭醒了，那多么真切，醒来才知道是假的。真假只是不同维度的事，不那么好判断的。

你之所以对一件事笑和哭，是因为你把它当真的了。

根据美国全息生命科学研究院首席专家刘丰先生的理论，真实只是你在一个维度中确认的，在第四维状态下，三维所有的开始和结束、生和死已经完全被超越了。佛家叫“缘起”。“缘”是投影源里面的关系：一维是二维的投影，二维是三维的投影，三维是四维的投影。

我们也可以说，历史是一维的，它是线性时间上发生的事与看见的规律，是现实；文学是二维的，它在现实上多了想象；

哲学是三维的，它在现实、想象上多了逻辑与抽象；佛学是四维的，它在现实、想象、抽象上多了灵觉，可以穿过现实的焦虑、想象的虚幻、逻辑的生硬和人生的业力，直达无相，体会真空妙有。现在大家在学哲学的层面，这已经是很高的维度了。从哲学的角度看，或者说，从庄子的角度看，你感觉无常，就是感觉对变化的不适，感到愕然，感到伤心，好像不是真的。不知道你有没有这样的感觉，常常会觉得这个世界不是真的，像美国电影《楚门的世界》那样，觉得不真实，觉得好像被什么人设定好了路线，你只是按部就班地走。当你看一个地方的模型时，也会有这种感觉，你站的位置，在模型中会显示出来，你发现你就在那条路上走来走去。每天搭车上班，搭车下班，再走同样的路线。上班、下班，不像是设定好的吗？一旦偏出了这个轨道，我们就叫无常，它是真实的，我们却因为它来得突兀而觉得是不真实的，不能接受的。

更有意思的是，我们在梦中梦到自己在做梦，诺兰的电影《盗梦空间》就是梦中梦的设定，里面有至少四层梦境。我也有过梦中梦的经历，就是庄子说的："梦之中又占其梦焉，觉而后知其梦也。"（《齐物论》）只有你从梦中的梦中的梦中一层一层醒来，才是真的醒了。这个很有意思，也进入了意识很深的层面。

我曾经做过一个梦，在梦中和几个朋友一起去泰国，在梦中我告诉朋友说："这是个梦，你们在我的梦中。"他们不信。我说："你看看这些楼上怎么都是中文呢？在泰国怎么出现的都是中文呢？"你看，我在梦中识别了漏洞，知道去泰国是个梦。这就是梦中占梦，就是梦中又套着一个梦，有时候会套好几层。所以，庄子又说："大觉而后知此其大梦也，而愚者自以为觉，窃窃然知之。"（《齐物论》）"大觉"两个字是庄子提出来的，后来唐朝翻译《华严经》，称释迦牟尼佛为"大觉金仙"，很多佛经翻译名词也是用庄子的。《三国演义》里刘备去见诸葛亮的时候，诸葛亮假装睡觉，嘴里念这一首诗："大梦谁先觉，平生我自知。草堂春睡足，窗外日迟迟。"只有真的醒来才知道那是一场大梦，才知道你的悲欢离合其实都不是真的，都是缘构的、随机的，是凑合出来的，都是要消失的。愚蠢的人自以为已经醒了，庄子说，其实哪里是真醒，只是这个梦醒了罢了。

真正醒了的人是什么样？看透了，一切都是无常。但这并不消极，不是说既然不真实，既然都是无常，就不好好生活了。不是的，恰恰觉悟了这一点，才能回到生活本身，知道该怎么生活。

有一个故事说，一个人怕死，听说无常第七天要来找他，他很害怕。后来觉悟了，理解了一切本来就是无常。到了第七天，无常真的来了，找这个修行人，到处找，找不着。为什么呢？因为这个修行人已经不在三界内了，他的生命已经没有了踪迹——这并不是说他没有了，他还在，还在那里行住坐卧、吃饭、干活、说笑，但是无常找不到他了。这就是解脱开悟的人的境界，他还在生活，担水砍柴尽是道，只是境界不同了。庄周梦蝶的三层含义，这个简单的故事读起来很唯美，其实背后有三层含义。

第一，物物转化。

庄周梦蝶的故事，在《齐物论》篇是最后一段，它是对《齐物论》一个完美的总结，既充满想象的浪漫，又展现深刻的真理。庄子说："昔者庄周梦为胡蝶，栩栩然胡蝶也，自喻适志与！不知周也。俄然觉，则蘧蘧然周也。不知周之梦为胡蝶与？胡蝶之梦为周与？周与胡蝶，则必有分矣。此之谓物化。"

内七篇是庄子本人写的，他却用第三人称写，直呼庄周，就是先破除主观性，让人隔着距离去思考。庄周曾经梦见自己变成蝴蝶了，飘飘然，很快乐，自己觉得很得意。注意，是自己觉得。庄子这个"自"字就是让我们知道，自己在梦中美得很，根本不知道自己是庄周，在梦中真的把自己当成蝴蝶了。你一定做过飞起来的梦，感觉很自在，在梦中你一定认为自己真的在飞。我还梦到过我踩着个梯子就够着天空了，天空完全是静止的，我静静地在上面画上图案，月亮形的，少数民族风的。在梦中一点也不会怀疑自己上天了，就美美地享受自己在画天。可是梦总是要醒的，而且很快就醒了，越是美梦醒得越快。“蘧蘧”，就是惊觉的意思，他心一凉，原来我是庄周啊，刚才是梦。

到这里都很正常，下面他竟然问了这个问题：“不知是庄周梦见自己变成了蝴蝶，还是蝴蝶梦见自己变成了庄周?”前半句好理解，后半句是哲学家才能提出的问题。刚才也可能是蝴蝶梦见了庄周，庄周刚才进入了蝴蝶的梦中，所以像蝴蝶一样飞翔。假如蝴蝶会做梦，大概不会梦到自己变成人，而是梦到自己在飞。所以庄子想象，自己可能出现在了蝴蝶的梦中，在他的梦中感受到自己像蝴蝶一样飞，很自在，很快乐。他说：“庄周与蝴蝶一定是有分别的，这就是事物的变化。”庄子与蝴蝶不同，这是个常识，这个地方为什么要写出来，一定是有隐喻的。他为什么醒来后突然意识到自己与蝴蝶是不同的？因为在梦中他与蝴蝶是不分的，他飞的感觉就是像蝴蝶一样，并且真的以为自己是蝴蝶。竟然我与蝴蝶在梦中可以如此之近，近到融为一体。庄子说，这就叫“物化”，我与物可以这样变化。这个变化真的够大的，我可以变成蝴蝶，蝴蝶可以变成庄周。事物之间是可以相互转化、沟通的，比如在梦里。这是意识深层的问题，它是打破常规思维的。

第二，生死转化。

这个故事当然不是为了讲蝴蝶，而是为了讲人，对于人而言，最大的变化是什么呢？不是沧海桑田、物是人非，而是从生到死的变化，没有比这个更大了。郭象说："死生之变，岂异于此，而劳心于其间哉!"(《南华真经注疏》)他说死生的变化，就像人变成蝴蝶一样，他真是读懂了庄子。让庄子触目惊心的不是自己的梦醒了，而是他醒来了之后发现，原来生命会有这么大的变化，自己变成了蝴蝶，而且还很快乐。卡夫卡《变形记》中的格里高尔一早醒来，发现自己变成了大甲虫，这是同样的道理。但庄子就比喻得这么美，就像中国笔下的高人骑着葫芦飞。比如济公，他随身带的葫芦，不仅可以装酒，还是交通工具，而西方笔下的巫师骑着扫把飞，比如大家都看过的《哈利·波特》。这就是中西文化的不同。西方很直白地把丑陋的却真实的东西扩大了给你看，触目惊心、鲜血淋漓。中国总是把最悲伤的东西披上一件诗意美丽的外衣让你看。这也像《梁祝》与《罗密欧与朱丽叶》的不同，都是最经典的爱情故事，但梁山伯、祝英台死后化成蝴蝶了，道理是一样的深刻，揭示的真相是一样的，中国的东西就这么美，美得让你想哭。读庄子，一定要穿过这层美丽浪漫的轻纱，你才真的能懂他背后的悲怆。

郭象注曰："方其梦为胡蝶而不知周，则与殊死不异也。然所在无不适志，则当生而系生者，必当死而恋死矣。"(《南华真经注疏》)郭象说，庄子梦见自己变成蝴蝶了，而不知道自己是庄周，这与死有什么不同呢？他死后也像蝴蝶一样栩栩然地飞，很快乐，很自然，可见人活着的时候特别自恋，那死后也一样，不知道那是死后的自己，也很自恋着那样的状态呢。可见，庄子的眼中，人活着的时候是自我的、自恋的，死后也一样。郭象下文说："由此观之，知夫在生而哀死者误也……夫觉梦之分，无异于死生之辩也。"因此，人活着的时候为死这个事悲哀，是想错了。庄子谈了半天醒与梦的区别，其实就是在谈生与死的大事。

郭象真的很聪明，很懂庄子，庄子其实是以梦来比喻死后，以醒来比喻生前。梦的问题，是生死的问题。庄子把生与死用转化的关系打通了，死后就像是梦见自己变成了蝴蝶，如此而已。所以，"齐"，包含了齐生死，他的目的是让人活着的时候不要为死操心，不要恐惧。活着很美好，像蝴蝶一样轻盈自在，这个是生有所恋，是生应该有的心态。死后也相似。这个观点与道教、佛教都不同。在庄子这里，没有地狱这个概念，生死是阴阳，是一体两面，人从大自然中来，又回到大自然中去，如此而已。

第三，真假合一。

究竟梦中更真实，还是现实更真实，如何判断真实，这是心理学问题，也是科学问题。不是我们掐一掐自己，说现在是真实，就是真实。那只是生理意义上的真实，而且只是这个思维空间中的感受，不是心理的，不是意识上的。

庄子说“梦之中又占其梦”，为什么要说“大觉而后知此其大梦也”？他的目的当然不是讲生理意义上的真实，而是讲精神上的觉悟。觉悟一层就是一个新的世界，对真实的认定就不同了。庄子的梦穿越到古代，最好的样本就是《红楼梦》；穿越到今天，最好的样本就是美国的电影《盗梦空间》。

第二十一讲　庄周梦蝶的回响

庄子的蝴蝶穿越到了清代就是《红楼梦》，穿越到了当代就是电影《盗梦空间》。它们在对梦的思考上非常一致，都是人们津津乐道、魂牵梦绕的梦。曹雪芹喜欢庄子，书中的宝玉也喜欢读《南华真经》，二者虽隔千年，但一梦相通，也并非怪事。

《红楼梦》中有一个贾雨村，一个甄士隐。后面又出了一个甄宝玉，一个贾宝玉。甄宝玉是金陵甄家的儿子，和贾宝玉同名，偏偏相貌性情也一样。甄家和贾家是世交，和贾家一样显贵。太祖皇帝南巡，甄家就接驾了四次。

贾雨村在做林黛玉老师之前，也做过甄宝玉的老师。当时甄宝玉和贾宝玉一样淘气，一样见了女孩就变得温顺。甄家的老祖母和贾母一样溺爱孙子。后来贾宝玉听说有人和他同名同貌，并且在梦中梦到了这个甄宝玉。

《红楼梦》第五十六回中，贾宝玉与甄宝玉终于会面了，非常精彩，因为这个会面是在梦中。贾宝玉与甄宝玉本就是一个人，曹雪芹用了隐写的手法。这个梦非常深，非常奇妙，非常纠缠，就是庄子的梦在小说中的一个反映。曹雪芹那么喜欢庄子，这里很可能是受了庄子的启发。如果不理解庄子关于梦的这些思考，这一段也很难理解。原文是这样的：

> 宝玉纳闷道："从来没有人如此荼毒我，他们如何竟这样？真亦有我这样一人不成？"……忽上了台矶，进入屋内，只见榻上有一个人卧着，那边有几个女孩儿做针线，也有嬉笑顽要的。只见榻上那个少年叹了一声，一个丫鬟笑问道："宝玉，你不睡又叹什么？想必为你妹妹病了，你又胡愁乱恨呢！"宝玉听说，心下也便吃惊。只见榻上少年说道："我听见老太太说，长安都中也有个宝玉，和我一样的性情，我只不信。我才作了一个梦，竟梦中到了都中一个花园子里头，遇见几个姐姐，都叫我臭小厮，不理我。好容易找到他房里头，偏他睡觉，空有皮囊，真性不知那里去了。"宝玉听说，忙说道："我因找宝玉来到这里。原来你就是宝玉？"榻上的忙下来拉住笑道："原来你就是宝玉？这可不是梦里了！"宝玉道："这如何是梦？真而又真了。"一语未了，只见人来说："老爷叫宝玉。"唬得二人皆

慌了。一个宝玉就走，一个宝玉便忙叫："宝玉快回来，快回来!"

贾宝玉知道金陵有个甄宝玉，与自己长得像，性情也像，于是就梦到了。而奇特的是，他在梦中向甄宝玉走去的时候，甄宝玉正在讲述他梦到贾宝玉的事，而且和贾宝玉此时正在走来的场景一模一样。因此，其实这个时候的贾宝玉是在甄宝玉的梦中，就像庄子在蝴蝶的梦中一样。

更为奇特的是，梦中的贾宝玉与甄宝玉竟然见面了，并且觉察到了他们都是在梦中。而宝玉却说，这么真实，怎么可能是梦呢？后来宝玉就惊醒了，醒来袭人告诉他是因为床前放了个大镜子导致的。这一段故事有三奇：一奇在于，贾宝玉梦到的自己竟然与甄宝玉梦到的贾宝玉是一样的，这说明，贾宝玉与甄宝玉是一个人；二奇在于，贾宝玉与甄宝玉在梦中竟然相见了，这说明，我们与真实的那个自己很难统一到一起；三奇在于，贾宝玉与甄宝玉在梦中竟然知道自己在梦中，只是贾宝玉不敢相信这是梦。

这正印证了《红楼梦》刚开始的两句话："假作真时真亦假，无为有处有还无。"真有时候像假的一样，比如大家去旅游，看到云山雾罩的风景，真的像水墨画一样；假有时候像真的一样，比如电影，常常看得你痛哭流涕，你明明知道自己是坐在电影院里看电影。后来甄府遭变，转移家产到贾府。经过家族的这场变故，甄宝玉再也不是以前那个宝玉了，开始知道世态炎凉，人情世故。也学着料理家务，结交达官显贵，考取科举，意图重振家业。甄府遭变，后来贾府也没有幸免。但是同样是经过家族的变故，贾宝玉还是那个宝玉。贾宝玉看透了政治斗争的残酷，官场的黑暗，人心易变，更看透了打着为国效力的旗号，为自己名利勾心斗角的人。他对这个世界感到绝望，最后在考取举人后，抛弃宝钗，毅然决定出家当和尚。

曹雪芹要表达的，一是，贾宝玉是隐写一个真实的故事；二是，生时不必太多忧虑，一切都如梦一样，遇见真实的自己，就了悟了；三是，就整个《红楼梦》而言，有情是一个梦，无情也是一个梦。不是无情就了了情，情了不了的，只有放下，没有结束。存在了，就永远在那里存在，放下了就无所谓情去了哪里。执着是一个梦，放下、解脱，也还是一个梦。不是放下就解脱了；生是一个梦，死也是一个梦，人到死时也只是一个梦醒了，生命进入另一个维度，以另一种方式存在，那是又一个梦而已。所以，活着的时候，我们那么斤斤计较干什么？

在西方电影里我们也能看到庄周梦蝶的影子，这样的电影有很多，比如金·凯瑞主演的《楚门的世界》，当然还有诺兰的《盗梦空间》。《楚门的世界》（《*The Truman Show*》），香港翻译为《真人秀》，因为它确实是一场真人秀。主人公从一生下来，就被直播，只是他自己不知道。他渐渐长大，发现越来越不对劲，他生活中所有的人物，所有的事，都是导演安排好的。他发现，关键时刻这些人物会突然消失，或突然出现，所以他勇敢地探索，不畏风浪，划到了大海的尽头处，他发现，原来是个幕布，他生活中的一切都是假的。这时导演告诉他真实的情况，问他："愿意走到真实的世界吗？真实的世界不像安排好的这么美好，真实的世界充满危险，充满罪恶，你要考虑清楚。"楚门弯身鞠了个躬，大胆地穿过那道门。这鞠躬表示：我的表演到此结束，我选择真实的生活去了。

但是，他走出这道布景的门，就真的到了真实的世界中了吗？也可能是到了另一个虚假的世界中去了，这个导演上面还有更大的导演在导演这场永无止境的戏。一层一层都是梦。这个电影不过是写了这一重梦，其实也就代表或隐喻了一层又一层的梦。

庄子的"梦中占梦"也是个重要的心理学课题，比《楚门的世界》更深刻的是《盗梦空间》，很多人都看过。这是2010年美国拍的，诺兰编剧，莱昂纳多主演。诺兰真是个伟大编剧，至少是懂哲学、懂心理学的编剧。与庄子的思想遥相呼应，我的一位美国学生甚至调侃说诺兰是抄袭了庄子。

《盗梦空间》中有专门的造梦人，电影是要表达这样的思考，而不只是炫技。造梦人造了三重梦境，这个技术很高明。你必须完成任务再回到真实的世界。他与他的妻子意见不同，他妻子认为他们创造的那个梦是假的，只有死了才能回到真实的世界，和孩子团聚，事实是她死了，那些团聚都是她造出的梦。莱昂纳多演的柯布一直在想办法战胜自己对妻子的思念，与妻子对自己的洗脑：妻子在他制造的梦中，希望他待在这个梦中，不要回到他所认为的那个现实的世界。柯布自始至终没有迷失自己，最终承认妻子是他的一个心结，他不由自主，一分神就造出了她的影像，他必须回到现实世界，摆脱被警察追捕，真的与孩子团聚。

影片的结尾留了点希望，当他看到孩子，然后转动陀螺时，陀螺摇摇欲坠，说明这是现实的世界，是真实的世界，不是梦，孩子转过脸，真的向他跑来。若按庄子，人没有所谓醒来，大觉是个相对的概念，人只有一层一层更清醒，而没有最终的觉悟。当然佛教是有的，悟空成佛，这也只是一种更高智慧的说法，没有办法实证的，所以宗教不是科学，是信仰。除非我们有一天弄清楚了死亡之后是什么样的时间，什么样的宇宙，什么样的形态，否则我们永远无法说我们的梦醒了。

其实柯布最后回到了家，不会看到孩子，他一直信以为真的世界是假的，他信以为真的同样是别人给他植入的观念。我想生命的真相应该是这样的，只有是否相信，没有什么真假，判断真假的陀螺并不在人的手中。电影没有这么彻底，大概是怕让观众绝望吧。人的心理与意识是很多个平行时间同步进行的，譬如我可能是在高中那个心理维度中继续我的现在生活。弗洛伊德说到了潜意识，但没有提出解决的方法。这是个心理学与哲学的重要课题，善于发现、勇于探索内心的人会提供自己的答案。人生归根到底是一个自我救赎的过程，编剧诺兰说回家是他能想象到的最高的情感。确实如此，人是无家可归的，短暂一生，永在路上，尽情欣赏自己参与的这一路风景，就是活着的意义。

达命就是达观知命，知命而达观也。《孟子·尽心上》曰：“穷则独善其身，达则兼善天下。”大抵说出了中国古代士人的价值取向。苏东坡“行”为兼济，“藏”为修身，洒脱一世，可称得上是达观的代表。

苏轼《渑池怀旧》诗云：“人生到处知何似？应是飞鸿踏雪泥。泥上偶然留指爪，鸿飞那复计东西。”“飞鸿踏雪”是苏轼人生观的凝练。人的一生都在飞翔，时起时落，时分时合，偶然留些痕迹，也顾不得回头追念。不愿，不能，不忍，不必。这其间许许多多复杂的层次，竟用“飞鸿踏雪”一个意象带过。一切都将逝去，无计留住，亦无须苦留。唯有飞翔，这是生命的常态，亦是必需。

如果说“飞鸿踏雪”是一种志向，是“独上高楼，望尽天涯路”的豪情，那么，“吟啸且徐行”就是通向理想的凄美过程，“一蓑烟雨任平生”是对它的诠释，“也无风雨也无晴”是颠沛流离后的人生休止符。轻轻松松、潇潇洒洒，干净利落，好生一个自在。

生命在继续，轮回。昨日风雨尽去，今日抖落风尘。雨中踽踽独行，往往有种难言的悲壮。苏轼不同，苏轼可以在颓丧的边缘打捞自己。生活如饮水，冷暖自知，不待旁人。苏轼显然饮了，知了，以旷达乐观之心境对之，他会说："你奈我若何？"

《东坡志林》中的小品文《在儋耳书》，最富哲理，耐人寻味：

> 覆盆水于地，芥浮于水，蚁附于芥，茫焉不知所济。少焉水涸，蚁即径去，见其类，出涕曰："几不复与子相见！"岂知俯仰之间，有方轨八达之路乎！念此可以一笑。

这一段很有庄子智慧，其间饱含人生的诸多困境，但"俯仰之间"却有四通八达之路，这一点常常被人忘却。处在困境中的人如苏轼笔下的蚂蚁，哪里能想到还有路呢？佛祖释迦牟尼拈花而笑，苏轼同样念此一笑。这轻轻一笑间有过多少险滩暗礁，悲欢离合，也都化作俯瞰人生的乐趣了。谁还能说这不是一种境界？

袖手闲处觑红尘，世俗中的我们哪个不是屡屡受挫？比如，求学的不顺、事业的低谷、恋人的背叛、亲人的离去等等，谁都可能遇到。饮尽悲欢，"花自飘零水自流"也好，"今朝有酒今朝醉”也罢，都要将它化解。从生命的终点来看生命的过程，就会懂得欣然接受，惺惺相惜。我们看蚁时觉得它们都是一样的，如同它们看我们。而在我们的眼中，人与人何其不同。因其不同，相刃相靡，风刀霜剑，都无法找到另一个自己来代为应承。唯有一笑，泯灭差别，与天地为一，这大概是苏轼从庄子那里悟出的智慧。

人因为会思考，所以总能在最脆弱的时候以强者的姿态重新站起。我们常常进退维谷，是自己捆住了自己，作茧自缚，飞蛾扑火。看蚁，方知“以时间之永恒，空间之无限，衬托眼前之痛苦与挫折”，方能“见其短暂而已，不足为虑”。

苏轼《前赤壁赋》云：“客亦知夫水与月乎？逝者如斯，而未尝往也；盈虚者如彼，而卒莫消长也。盖将自其变者而观之，则天地曾不能以一瞬；自其不变者而观之，则物与我皆无尽也，而又何羡乎？且夫天地之间，物各有主，苟非吾之所有，虽一毫而莫取。”

人历经悲欢离合，还是那个人。月圆了又缺，缺了又圆，还是那个月亮。以不变应万变，盈即虚，虚即盈。心平如镜，方体会到山山、水水。天地之间，繁华一梦，得之吾幸，不得吾命，清风明月，无偏无倚，是我们的真正宝藏。

苏轼曰：“世事一场大梦，人生几度新凉？夜来风叶已鸣廊，看取眉头鬓上。”（《西江月》）愁绪如水长流东，事如春梦了无痕。寒冰不能断流水，枯木还会再逢春。“小舟从此逝，江海寄余生”（《临江仙》），关键是你真的能放下。“且陶陶，乐尽天真”（《行香子》），全部生命都是你的，满满地去享受吧。

苏轼之达观来源于庄子的以现实为底蕴的浪漫情怀。历经磨难，参透人生，方有此等胸襟。吾辈不必效仿，却可赏鉴，化入心田。苏轼之命，绝非宿命，而是悲喜过后的安然，虽然夹杂着几分酸楚，但终归也是甜的。他的身影，“三尺微命，伴无尽岁月”。我们又何尝不是呢？

第三篇 《养生主》

第二十二讲　打通心灵的任督二脉

孔子最注重的是学习，这个是儒家修身的要害。但孔子认为学习是件快乐的事，所以《论语》一开篇就说："学而时习之，不亦说（悦）乎?"学习，并且时时去练习，直到学会了为止，这不是很快乐的事吗?习，繁体字是習，上面是羽，下面是白，羽是羽毛，习是小鸟振翅的动作。小鸟学飞的时候，不停地拍打翅膀，最后飞起来了，很快乐。我们学自行车就是最好的例子，一点点地不要人扶了，自己能骑一小步，一大步，然后能骑一段距离，就会特别开心，特别自豪。你学乒乓球，学乐器，都是这样，通过反复练习，学会了一样东西就特别开心。学文化知识同样如此，学做人的道理也是如此，快乐都在慢慢掌握的过程中。

其实读书也是一样的，关键是看你有没有兴趣。如果你心中产生疑问，内心就会迫切地想要知道这个疑问的答案，如果找不到答案就会着急，会在网上不断地搜索，希望有人能够帮你解答。当你终于找到了答案之后，内心就会产生一种非比寻常的满足，这就是为什么现在“知乎”会如此火爆的原因。

庄子说：“吾生也有涯，而知也无涯。以有涯随无涯，殆已；已而为知者，殆而已矣。”（《养生主》）一开头就很特别，他说我们的生命是有限的，知识是无限的。用有限的生命去追求无限的知识，生命会很快地消耗完；等你有知识了，人也消耗殆尽了。

这是不是很违反我们主流的思维？我们受培根的名言影响很大，他说：“知识就是力量。”这句话成了权威。因为知识就是力量，所以我们要求知。我们上中学的时候，常常有教室里贴着这样的标语：“书山有路勤为径，学海无涯苦作舟。”但是，我们可能从来没有反思过为什么学习要苦哈哈的，为什么不能学海有涯乐作舟呢，为什么一定要去追求无涯的东西呢，把生命消耗在永远没有止境的东西上，而不知停止，这样有什么好处呢。庄子唱了一下反调，带来很多思考。

庄子说的“知”不完全等同于知识。它的范围要比知识大，准确说应该是技巧与智识，就是术，而非道。《大宗师》说：“且有真人而后有真知。”真知是道的层面，俗知是术的层面。

真知最重要的就是“真”，是对自然的生命体验，是一种智慧的哲思，有一种“出世”的自由；而俗知便是用来“入世”的经验、知识，是要实际运用的。学校的教育基本上是俗知，是用来应试的，不是用来修道的。或者说，学校与家长更看重的是你学的东西如何换来更高的成绩，而不是你如何提升境界。

那庄子是怎样探寻真知的呢?《外物》说：“心彻为知。”“彻”就是通的意思。心通了，才是真的知识。人有很多的潜能，如果他一直压抑着对真实的追求与对现实的批判之心，渐渐就失去了这种能力。适应性提高了，但创造性降低了。很多人都只看到“适应性”的有利的一面，却没有思考到适应总是以妥协为代价的，适应了，也就妥协了。把一个有棱有角的人磨成了一个中规中矩的人，这就是适应，习惯了，这个人也就忘了哪个是真正的自己了。庄子说：“其成也，毁也。”（《齐物论》）表面看来你成了，其实是你毁了。成就了功名，毁掉了天性。此间且需要时时地察觉与平衡的智慧。

现在家长之间拼的就是谁的孩子更适应这个教育制度。最近有一则消息说，有个家长在群里晒孩子考上清华大学的通知书，结果被踢出群了。现在的家长群成了一个小社会，各种晒，各种攀比，制造紧张氛围。孩子有一点点在学校取得的小成绩，都要在群里晒，这样的群更多展示的是孩子如何适应了体制，适应了规矩，取得了体制内的胜利，而非展示那个天性快乐胡闹的小孩儿。群文化，是集体上的屈从，孩子也会因为家长潜移默化的影响而渐渐习惯于适应，而非挑战。

要跳出烦琐生活的各种牢笼，就需要养生。养生，就是养性，就是养心。它不是身体上的，与道教不同。它是思维上的，有什么样的思维，就有什么样的生活方式。所以，庄子又说："缘督以为经。"（《养生主》）这"督"，就是督脉。我们在武侠小说中经常看到"打通任督二脉"，那是身体上的打通，是气功。入定时，大周天与小周天打开，任督二脉打通，阳神出窍。庄子不是要讲气功。督是在后背居中位置的一条经络，经络上的穴位是空的，"督"在这里引申为中、空，缘督，就是中道的生活方式。什么意思呢？就是我们《齐物论》中讲的"得其环中，以应无穷"，站开来，把心空下来，想办法应对，而不是陷入是非之争中去，最后两败俱伤。

在武侠小说里，我们也经常看到，真正的高人，都是把心空下来的人，没有多余的杂念，返璞归真。比如《天龙八部》里的扫地僧，隐居于少林寺藏经阁内，武林秘籍随手可得，但是他却对此并不感兴趣，每天安心扫地，没有一丝杂念，反而成为一个绝世高人。

我们刚才讲了，天性与应试教育之间有矛盾，但生命不能用来适应一些不合理的东西，而是自己去修心，想出超越的途径。譬如我们要拿多少精力去应付必须学的东西，要拿多少精力去学自己喜欢的东西；什么是应付一下就可以的，什么是自己一定要坚持下去的。你真正热爱的东西，一定要坚持。不热爱又必须做的事情，要牺牲一部分时间在上面，不能走极端，完全不做自己不爱做的事情，那同样也会一事无成。

《老子》第五章有“守中”这个思想，守住中道，静守虚空，动而应对，而不是把一切都当作敌人去蛮干。网络上有很多“愤青”，还有很多“杠精”，每天都在与人对抗，对世界充满不满和愤怒，仿佛要与全世界为敌。从这个“愤”和这个“杠”，我们就能感受到一丝不愉快。带给他们快乐的是宣泄式的批判，但这并不是对自我的追求和坚持，反而只是情绪的宣泄，并不是智慧的做法。当你把谁作为敌人，你就已经失败了。敌对的思维是最愚蠢的思维，但批判的精神又必须有。那就是你要自己分配好自己的精力，不被任何成心、成见干涉，不掉到攀比的旋涡，不成为服从的奴隶。在身体上打通任督二脉不容易，在心灵上打通任督二脉更难。

第二十三讲　人性何来善恶

众所周知，孟子主张人性善，荀子主张人性恶。孟子主张人有四端之心：恻隐之心、羞恶之心、是非之心、辞让之心。孟子讲了一个孺子入井的故事来阐发他的观点，这个故事说的是我们如果突然看到一个小孩子快要掉到井里去了，一定会感到心惊胆战，怕他掉下去。这就是恻隐之心，注意孟子说的是"乍见孺子将入于井"（《孟子·公孙丑上》），这个"乍"字很关键，就是无防备的，突然看到的第一反应，因此说明人性中有善。这是非常经典的举例。荀子实际上与孟子并不矛盾，荀子认为人性恶，但又相信教化的作用，恶是因为环境影响造成的，有好的教化，人依旧能从善。因此，孟子、荀子都不是静态地谈人性善恶，但他们确实又各执一词，各有偏重。

道家与儒家就不同了，道家是超越善恶的人性论，认为善、恶都是后天的，是根据一些标准来判断人的行为。老子说：“天下皆知善之为善，斯不善已。”（《老子·第二章》）当你谈论善的时候，说明已经有恶了，一切都是阴阳，都是相对的。所以，道家不认为人可以定性为善或恶。道家认为，人性本来是质朴的，谈不上善与恶。

庄子说：“为善无近名，为恶无近刑。”（《养生主》）做善事不要做到名满天下，做坏事不要做到犯法。这两句话也很大胆，听起来很反常。我们主流的思想都是一定要做个好人，不能做一点坏事，所谓“勿以恶小而为之，勿以善小而不为”（《三国志·蜀书·先主传》），这个很儒家。庄子却说，你能一辈子不做一点恶事吗？人身上的恶如何合理地引导出去，而不是靠压抑？这就涉及人性论课题的讨论了。

老子也主张回到素朴本性，第二十八章说“复归于婴儿”“复归于无极”“复归于朴”。这都是说，随着人的欲望越来越多，才出现了很多恶的事情。人性的复归只有一条路，就是重新回到像婴儿一样质朴的状态。婴儿的一切活动都是发乎自然，饿了就哭，困了就睡，没有计较，没有机心，没有目的。老子当然不是让我们都变得傻乎乎的，也不是让我们都不要成长，婴儿只是个比喻，是个意象，用婴儿形象来比喻人性最初的样子。

现在大家都提倡匠人精神，其实这种精神本身就包含了朴的精神，心无旁骛地去磨炼一种技艺，没有名利的欲望，是一种单纯的追求。真正的匠人，做好一件作品，内心是非常纯净的，没有沾染世俗的名利欲望，只有这样才能真的安下心来，专注进去。如果内心充满物欲，那很难专注一门技艺，很容易被世俗左右，无法坚持自己，也很难做出令世人赞叹的作品。

当欲望太多了，就影响养生了。这种欲望除了物欲，也包括追求善的欲望与想要做恶的欲望。做好事，不能太过，为了名故意去做。像现在做慈善的，很多就是为了名，是拿钱买名而已。像某些人，捐过很多钱，但捐得特别高调，让被捐助的人拿着钱与他们拍照，让人很没有面子。所以，他们虽然做慈善，但太高调了也有问题。恶也如此，道家不从善、恶去定位人性，是很智慧的。有善就有恶，谁都无法说自己是纯善的、一点小小的恶事都没做过。庄子的意思是，你要有分寸，有界限，有止境，小恶可以为，不为当然更好。人的恶的东西也需要疏导出来，其实就是人的破坏性、占有欲等等。每个孩子都有破坏性，他们会摔东西、捏死小虫子甚至虐待小动物等等。孩子们为什么喜欢玩打打杀杀的游戏，比如像切西瓜这么简单的游戏，因为他们能发泄自己的破坏欲，觉得自己很厉害。他们看到好的东西也想据为己有，那就是占有欲。小恶可以存在，但要疏导，而不是要求一个人全是善，那样不符合阴阳的实际，也不符合人性。这个与儒家很不同，儒家是道德完美主义的，希望人人都能成君子，成圣人，能去恶存善。道家却是道德宽容主义的，小恶就像人身上的病菌一样，没有病菌的人是不存在的，把所有病菌都杀死，人也就死了。但有个原则，不能为大恶，不能触犯刑法。

庄子讲了知识，讲了善恶，最后归结为："可以保身，可以全生，可以养亲，可以尽年。"（《养生主》）保身，是保住生命，人当有自保意识。虽然不像儒家说的"身体发肤，受之父母，不敢毁伤"（《孝经》）那么严格，但一定要保全自己的生命。

很多人丧命都很让人惋惜。有些是激怒了歹徒，像一则新闻说的，一个妇女带个孩子，在出租车上与司机理论，吵架，要投诉，就因为司机提前要钱，可能也多要了一些，最后她和孩子都被司机用石头砸死。如果不发生当面的口角，等下了车之后再投诉也是可以的。还有一个案例，北京一个妇女用手推车推着孩子，在路上与出租车司机发生冲突，司机把她的孩子摔死了。恶固然让人发指，但自己也要有自我保护意识，尤其当自己是女性，又带个孩子的时候，一定不要与人发生冲突，凡事忍耐一下，事后再想办法。这是要保身。

全生，即全性，就是保护自己的天性。按上文的话，主要是不要被知识异化了，成为书呆子。放在现代的话，就是在教育制度中有一些不合理的情况下，要懂得为自己找出一条路来，一边耐心应付，一边用更大的功夫去修身，建立自己的人格与学识。养亲，是孝敬亲人，养好亲人。保身、全生是前提，没有这个，养不好亲。最后是尽年，就是尽其天年，自然而然地过完一生。

可见庄子也是提倡孝顺的，只是讲法与儒家不一样，更基本，也更超脱。儒家的孝很具体，譬如子夏问孝，子曰："色难。"（《论语·为政》）就是孝顺要表现在脸色上，不要给父母脸色看，这个很难。我们在家都是最真实自然的状态，会把脸色给家人看。孟武伯问孝，子曰："父母唯其疾之忧。"（《论语·为政》）父母最担心的是你的身体健康，所以你一定不要生病，保护好自己的身体是最大的孝顺。父母最希望看到的是你的健康快乐。孔子又说："父母在，不远游，游必有方。"（《论语·里仁》）父母在世的时候，别乱跑，父母会担心，除非你方向明确，志向明确，道路明确，不出去不行。否则，"子欲养而亲不待"（《孔子家语》卷二《致思第八》），等你远游回来了，可能父母就不在了，孔子认为这是人生的最大的悲哀。

庄子在《人间世》中讲，孝是"不择地而安之"，这比儒家还要灵活。你可以走，但无论父母在哪里，你在哪里，都要让他们安心。庄子还有"忘亲易，使亲忘我难"（《天运》），最高的孝是两忘，不是真的忘记了，而是相互都放心了。这是更高境界的孝，或者说，是逍遥的孝，而不是沉重的孝，不是有压力的孝，不是一定要天天在身边的孝。当然，这也仅限于父母还没有年迈的时候。

第二十四讲　庖丁解牛用的是什么刀

庖丁解牛的故事出自《养生主》。庄子说，庖丁为文惠君解牛。庖丁就是厨子，文惠君是一国之君，据说是梁惠王。庖丁为他解牛，是说文惠君在现场看着，这就不是简单地杀牛了，你没见过国君在屠宰场专门看杀牛吧？这个解牛的过程，庄子描述得非常美，他说这个厨子手啊，肩啊，脚啊，膝盖啊，都用上了，哗哗哗、霍霍霍的声音都有，但很好听，“合于《桑林》之舞，乃中《经首》之会”，像古时候的音乐一样和谐动听。《桑林》是殷商时候的一个乐曲，《经首》是尧时候的乐章。说明这解牛的声音很有节奏感，不是一刀下去，牛死了这么简单。文惠君就问他，为什么解得这么熟练呢？厨子回答说，我喜欢的是道，胜过喜欢术。我刚开始杀牛的时候，看到的无非是整个牛，三年之后，看到的就不是整个的牛了。那是什么呢？就是牛内部的所有骨骼、筋脉、血肉、纹理，了然于心。所以，“以神遇而不以目视”，心领神会，用心神与牛接触，知道哪里有硬骨头，知道哪里应该避让，应该拐弯，知道不同的地方应该用什么手法，用多大的力，而不是要看到不同的位置才敢下刀。这手法了得！

这个故事大家可能都听过，一个厨子杀个牛都那么艺术，一把刀用了十九年还像新的，你觉得神奇吗？故事很简单，但里面有很多重要的观念，譬如“目无全牛”“以神遇而不以目视”“游刃有余”“得养生焉”究竟是什么意思？不好理解的，故事背后全是哲学道理。最关键的话是：“臣之所好者道也，进乎技矣。”（《养生主》）技术的目的不是提高解牛的效率，而是求道。这里的“道”是养生之道，从解牛的生活经验与技术操练中理解养生的道理。

我们要知道，庄子所有的故事都是比喻。所以，你别较真，说这厨子怎么这么残忍，杀个牛都不给个痛快。这就是个比喻，牛比喻什么呢？有什么东西是充满障碍，需要我们避让躲闪，认识清楚，刀才不会被砍坏呢？那就是人人都处在其中的社会了。下一篇正好就是讲社会的《人间世》，《庄子》三十三篇唯一一篇专门讲社会中各种复杂的社会关系和人的主要命脉的。

所以，厨子解的不是牛，而是社会。先了解这个，才知道为什么杀个牛，搞得这么复杂。厨子说："彼节者有间而刀刃者无厚，以无厚入有间，恢恢乎其于游刃必有余地矣。"（《养生主》）牛的骨节之间是有间隙的，但刀刃是没有厚度的，用没有厚度的刀进入有间隙的骨节之间，那地方就绰绰有余了。因此他的刀用了十九年还像新的一样。这真是厨艺界的哲学家啊。

什么叫没有厚度的刀？就是说刀锋很薄，但再薄也有厚度吧？所以刀一定是个比喻。没有厚度的东西进入有缝隙的东西，当然很宽敞了。庄子这个灵感很可能来源于《老子》第四十三章的"无有入无间。"无有，就是无形的东西；无间，就是没有缝隙的东西，密度很大，只有无形的东西能穿透它。我们现在的生活，很多人缺乏的正是这样的智慧。现在网上很流行一个字叫"撕"，工作中、生活中遇到各种不愉快、不顺心的事情第一个反应就是撕，每个人都是情绪随时可以爆发的气球，一言不合就开撕。这都是因为心太厚了。

虽然手持没有厚度的刀，但是厨子说了，虽然如此，但每次操刀前也很紧张的，要慢慢观察，慢慢来。先观察牛的纹理，因为每头牛都不一样。观察清楚了再下刀，哗啦一下，顺顺当当地解完了。骨头是骨头，肉是肉，一个健壮的牛就像一堆土一样瘫倒在地上。然后"踌躇满志，善刀而藏之"，就像一个武林高手，身手不凡，三下五除二就把对方打倒了，然后志得意满，一副"我骄傲"的样子。

厨子在下刀之前，有一个非常重要的精神，是慢。这个也是我们的生活中很缺乏的，现在的生活越来越快。之前木心有一首诗叫《从前慢》："从前的日色变得慢；车，马，邮件都慢；一生只够爱一个人。从前的锁也好看；钥匙精美有样子；你锁了，人家就懂了。"从前因为一切都很慢，所以来不及说分开。那个时候根本没有离婚这个概念。因为慢，所以能足够静心去爱，爱可以很悠远，很深沉，一把锁也可以锁出情怀，锁出美。因为慢，才能专注，才能走心，才能领悟，才能体道。今天，一切太快了，来不及等对方慢慢产生感觉，来不及等对方表白，来不及慢慢磨合，来不及等对方改变，来不及等一份感情的酒慢慢变成佳酿。尽快占有，尽快互惠，尽快摆脱，一切会带来麻烦的，今天都会尽快甩开，然后遇到新的麻烦，感情只有数量，没有质量；只有刺激的感受，没有恒久的温情。慢，是生活方式，也是哲学。今天我们忙于得到一些东西，都想快速达到目标，但欲速则不达，所以一边奔跑，一边焦虑。

文惠君观看庖丁解牛，他说听君一席话，胜读十年书啊，我知道了养生的道理。你看，君王也不是一般的君王，是政治界的哲学家。看厨子杀个牛，养生的道理都明白了。庄子这个没有厚度的刀，当然不是刀，而是心。用刀解牛，就是如何用心入世。用什么样的心应对处处都有障碍的社会？那就要把心修到没有厚度，圆融无碍，事事都能从大处、远处想明白，这样就游刃有余了。游起来，就逍遥了。

所以，我们要问问自己，你的心有多厚？你的心修到没有厚度了吗？如何才能圆融无碍？之前我们讲过的，要没有成心、成见、偏见，要能超越是非二元对立，要能“缘督以为经”，遵循中道，让心虚空下来，要超越善恶二元论，回到质朴，等等。这些都是修心的途径，下面还会讲很多途径。

第二十五讲　安命是一种逍遥吗

庄子在《德充符》篇讲了很多残疾和丑陋的人，但第一位残疾人出现在《养生主》中。公文轩是个当官的，右师是个只有一只脚的人。他见到右师，很吃惊，注意，他的表情是很吃惊，他说："你是什么人，怎么少一只脚？是天生的，还是后天造成的？"右师说，是天生的，不是人为的。别人都有两只脚，老天爷却让我只有一只脚。

庄子笔下有很多少一只脚的人物形象。其实未必是生下来如此，当时有刖刑，刖刑在夏朝称膑，周朝称刖，秦朝称斩趾。亦有指刖刑是削去膝盖骨（膑骨）使犯人不能站立的说法。比如战国时著名军事家孙膑的故事，是关于刖刑的一桩典型的案例。孙膑受庞涓陷害，受的就是刖刑。听说他名字本来叫孙宾，受刑之后，才改为孙膑。

犯了罪，就会被砍掉一只脚，这个很残忍。但无论是真的天生如此，还是后天犯罪造成的，重要的是怎么接受它，也就是接受自己的残缺。生命没有完美的，每个人都有身体或心理上的缺陷，但能认识到、正视它，用一种豁达的心态去面对的人可能不多。我们总是放不过自己，会计较，会比较，其实更多的心理压力来源于自己，而非别人的目光。或者说，别人的目光是自己改变不了的，但如何对待别人的目光，多大程度被别人的目光左右，是取决于自己的。

现在有很多人都是“讨好型人格”，是“老好人”。在心理学的定义当中，所谓“迎合型人格障碍”就由此产生，这是一种含有强烈的自我牺牲成分在内，从而导致人际关系中的种种冲突，同时自己也深感痛苦的障碍。在生活中，我们每个人或多或少都会带有一点点讨好型人格，希望得到别人的认可，获得内心的安全感，为此可以做很多牺牲，甚至是违背原则的事情，最后成为别人不会重视、自己都讨厌的样子。在讨好型人格的背后，很可能就是自己的自卑心理、不安全感、焦虑感，期望通过别人的夸赞来让自己忽视或忘掉这种缺陷。

如何放过自己的缺陷？庄子提出安命的思想。《人间世》说：“知其不可奈何而安之若命。”就是认识到这是个事实，我无法改变，那就安然接受它。《在宥》说：“安其性命之情哉。”

这个情，就是实际情况，安于自己的实际情况。庄子甚至提出失去一只脚其实就像一块泥土从身上掉下来而已，这是大自然造化的事。如果是犯了罪，那就修身“以补前行之恶”就行了。右师说自己是天生的，这个就更可以坦然接受了。每个人生来都不一样，你少了一只脚，也可以理解为大多数人多了一只脚。所有的标准都有残酷性，大多数人都如此，就成了标准，就成了尺子。而且符合了标准的人会用这把尺子来量你，他们以自己符合了标准而欣慰甚至沾沾自喜，对不符合标准的人可能会同情，也可能会歧视。所以，社会总是一些有优越感的人在碾压没有优越感的人。可是要知道，这只是优越感而已，不是真的优越。

《骈拇》篇庄子也有类似的思想，有的人手指之间是有一块皮相连的，像鸭或鹅的脚掌一样，有的人一只手长六个手指头。庄子说，他们只是多了一块没什么用处的东西而已，庄子没有歧视任何人。庄子觉得真正可怕的是你被塞进了很多没用的观念、标准。

庄子的目的不只是在讲身体的残疾，也是要讲对自己的独特性是否有勇气去面对和接受。你长得和别人不一样，无关乎美丑，只是不一样。我们不一样，但有多少人能接受自己的不一样，维护自己的不一样呢？这个真的很难。从进入学校开始，我们就像庄子笔下的浑沌一样，被好心的“儵”与“忽”日凿一窍而七日死，被以“为你好”的名义剪掉枝枝叶叶，强行地去适应很多不合理的东西。庄子这些平静甚至幽默的描述，背后有一种强烈的反叛意识，这种批判性与反叛性在外、杂篇尤其明显。

放过自己就是悦纳自己，真心诚意地接受自己。悦纳自己的缺陷、缺点、弱点。悦纳不等于不改变，而是首先认识它，接受它，接受不完美的自己，然后力所能及地改变就行了。即使不能完全改变，也悦纳自己。

放过自己的缺陷，因为这是天生的，不是自己的努力能改变的。它只意味着独特性。放过缺点，因为人都不完美，当你认识到这是自己的缺点时，自然就会去改变，但不会完全改掉，除非你是圣人。所以，道家在这方面是现实主义的，是尊重人性的，而不是完美主义的。他教会我们忽略一些东西，只要不会对别人造成什么伤害的缺陷，可以忽略，而不是追求完美。

放过弱点，因为人都有弱点，不要斤斤计较于自己的弱点，一副不能原谅自己的样子，而是想办法去弥补弱点，找到自己的强项。你不可能所有的方面都是强项。很多漂亮的女孩子，已经很漂亮了，仍然要去整容，希望更漂亮一些，就是内心不够强大，是完美主义的心理，对某个不够好的地方不能接受。

之前看过一个新闻，一个女孩从 14 岁就开始整容，总共花了 400 多万元，号称脸上装着一栋房子。记者采访她，她说整容这件事是会上瘾的，只要有人说她的脸上有一点瑕疵与不好，她就想去整容，想要一个完美的自己。可是对于美丑这件事来说，没有真正的完美，只有大家眼中的评判。

第二十六讲　自由是最大的笼子

庄子讲了一个泽雉的故事，泽雉就是野鸡。他说，“泽雉十步一啄，百步一饮”，它走十来步才能找到点吃的，走上百步才能找到喝的，但是呢，它“不蕲畜乎樊中”，不想被关在笼子里。为什么呢？庄子说：“神虽王，不善也。”（《养生主》）关在笼子里，有吃的，有喝的，精神看起来很旺盛，不用劳神去找吃的、喝的，但是这样不好。因为不符合野鸡的天性。野鸡，就该在野外自由自在地生存。虽然有些艰辛，但符合本性，就像外篇《马蹄》中说的野马一样，就适合在野外跑。

庄子用野鸡做比喻，我们也可以说成是鸟，庄子用这个来说明天性的重要，自由的重要。小的时候，我们就不喜欢被束缚。几个月的时候，不喜欢被裹在包被里，不喜欢被缠住腿，会挣扎，会反抗。长大一点，不喜欢穿鞋，不喜欢穿袜子，不喜欢穿很多衣服。我女儿很小时候不穿衣服就跑出去了，我给提溜回来，她问我："猫咪为什么就可以不穿衣服？"我说因为它们长毛了。第二天她又光着身子往外跑，我又给提溜回来，她说："我长毛了。"小孩子好想做自由自在的小动物，最好连衣服都不用穿，这就是我们的天性。

你看，小时候的我们多少有点野，因为我们不喜欢被束缚。长大了，束缚多了，慢慢妥协，慢慢麻木，对自由可能就不敏感了。更严重的是，对很多造成自己不自由的原因也懒得去追问了，顺从和奴性渐渐就根深蒂固了。只要能凑合，就不去反抗什么了。加上物质的极度发达，只要有吃有喝有房有车，好像其他的都不重要了。人对内心的自由的呼声越来越听不到了，有时间就刷手机，懒得去思考什么。

什么是天性？庄子《秋水》篇说："牛马四足，是谓天；落马首，穿牛鼻，是谓人。"牛和马是四条腿，这就是它们的天性，就是天然的样子。你给马戴上辔头，给牛穿个鼻孔，这就是人为，人要利用它们，所以束缚它们。我小时候经常看到钉马蹄掌、牛蹄掌，就是为了让它们能走远路。我那时候就在想，牛和马会不会疼呢？咔咔地往脚底钉铁掌，牛和马会不会不舒服呢？它们穿着铁掌走路，会不会不习惯呢？庄子虽说的是牛和马身体上的事，但比喻的是人被各种东西束缚。

在国外，有些女性解放运动，其中有一个就是脱掉高跟鞋运动。她们认为高跟鞋是为了满足男人的审美，是对女性的束缚。其实医学早就有过研究，穿高跟鞋对女性的脊椎非常不好，而且还会影响脚骨。女性朋友们可能都会有这个感觉，当你穿着高跟鞋走了一天之后，脱掉高跟鞋的那一刻，瞬间可以感受到解放和自由。这是身体直接的感受。

可能站在儒家的立场会说，人当然要被束缚，这样才有秩序，才好管理。从这个角度自然会得出这样的结论，哲学则提供不同角度，你适合哪个角度是自己的选择。道家的角度恰好与此相反。人释放天性，不意味着去干坏事，而只是干符合自己真性情的事。比如你的正常的爱好，自然的长相，简单的生活方式，真实的情感，等等，这些是应该捍卫的，这是基本的自由。庄子《骈拇》篇说："凫胫虽短，续之则忧；鹤胫虽长，断之则悲。"野鸭的腿虽然很短，你不能给它续一截上去吧；仙鹤的腿长，你不能给它截去一段吧。庄子讲的天性，是这个意义上的。

更高的层面是个人的性情。庄子自己选择"我宁游戏污渎之中自快，无为有国者所羁。终身不仕，以快吾志焉"（《史记·老子韩非列传》）。他不喜欢当官，尤其在乱世，他就不当。后来陶渊明也是这样。这就是自己的天性。所以，养生的关键，是尽可能做适合你的事，你喜欢的事。有一些是我们不得不做的，是无奈，是义务，这个可以理解。庄子的意思是在你哪怕有一点选择的余地的时候，选择符合天性的会更快乐。

笼中之鸟代表衣食无忧，但没有自由。空中之鸟代表衣食无保，但有自由。假如生存与理想之间发生冲突，你会选哪一个？我们提供几个可能：

第一，做空中之鸟。意味着先最大限度实现自由，接受生存上的不稳定。像很多歌手年轻的时候，背着吉他北漂。我有个大学的同学，为了做音乐，就在北漂，后来在网上出的音乐唱片也没有多少人关注。他就在饭店刷盘子，生活很艰辛，天天熬夜，身体也搞垮了。坚持了 5 年的理想，最后放弃了，回到自己的小城市，找了一份普通的工作，结婚生子，从此放弃了理想。大家更多看到的是那些成功者讲述北漂的故事，可能很少关注那些失败的人付出的代价。选择坚持理想，追求热爱的事情，这是要付出巨大代价的，而且，还未必能实现理想。

第二，做笼中之鸟。一辈子都在妥协，它的代价是压抑，总是在为了什么而委屈自己。这个自己的小宇宙也会爆发的，像《巨婴国》里说的那些好人。武志红说很多有心理问题的人去咨询，都是心理压抑型人格，都是好人。做好人的代价是把自己累疯了。

第三，先做笼中之鸟，再做空中之鸟。以自由换物质，不停地妥协。很多人想的是等我赚够 1 000 万，我就退休，学音乐，学画画，周游世界。经常听到有人说我要赚够多少多少钱，提前退休，做自己热爱的事。问题是，等你赚够了一定的物质，就再也不想买你从前想买的东西了。青春逝去，你可能再不会背着吉他去流浪了，也不会痛痛快快地去爱你所爱了。

第四，先做空中之鸟，再做笼中之鸟。但是，你在年轻时做过所有自己想做的事，不惜一切代价，体会到了自由的快乐，还愿意再过非常束缚的生活吗？

第五，一会儿做空中之鸟，一会儿做笼中之鸟。这就是说，有钱的时候就赶快去享受自由，没钱的时候再安心赚钱。但这是不稳定的生活，很难建立和经营一个需要稳定的家庭。

第六，自己做笼子，别人做笼子里的鸟。这是个企业高管给我提供的意见，就是自己先强大，做老板，让员工在笼子里很不自由地为他服务。问题是，现在哪有那么多笨的鸟愿意一直待在你的笼子里？

无论选择哪个，都有代价。萨特说，自由也是不自由，但选择决定存在。自由总是有代价的，选择才能活出自己。不断突破笼子，朝向天空，像鲲鹏一样飞去南冥，这是庄子倡导的自由的人生。成功不是外在的成功，不是符合社会的标准，成功是内心的自我满足。自由是相对的，天空是最大的笼子，不停地跳出自己的小笼子，精神才能一步步走向逍遥。现实与自由并不是矛盾的，而只是在考验我们的内心，拷问我们自己。我们真正想要的是什么？是否敢忠实于自己的内心，去过自己真正想要的生活？

第四篇 《人间世》

第二十七讲　人在世间的两大枷锁

人间世，就是人世间，它写人在世间的各种复杂的关系，写人的无奈，写沉重的肉身。《逍遥游》是灵魂飞起来了，《人间世》是脚落到地上了。逍遥是立足大地的逍遥。幸好内七篇中有这一篇，足以证实庄子并不是一个在天空飘的人，只提出一些空的理想，他对人世间有深切体悟，绞尽脑汁去想办法面对，他劝勉那些面临各种困顿与危险的人，帮他们想办法解脱。

人间世，用现代的话说就是“人的实际生活处境”。用德国哲学家海德格尔的话说，人只能“在世界之中存在（being-in-the-world)”(《存在与时间》)，只能在世界之中完成自身的存在。用歌德的话说，就是人有两个灵魂，一个不断向上攀升，一个向下堕落，人生就是这两个灵魂之间的挣扎与斗争。那些超拔的灵魂一定有其在现实中摸爬滚打的历练，脚下越稳，飞得越高。

在世间，但又不能完全陷入世间，从智慧上、技巧上、心态上与复杂的社会保持一定的距离，才能保护自己，才能看清社会，才能超越关系，才能有回旋的余地。北京大学的王博教授在《庄子哲学》一书中，把这一篇放在内七篇的第一篇来看，他特别看重这一篇表达的世俗中的沉重与无奈，我觉得从地位上，这一篇应居首，但沉重与无奈中必有解脱的途径，这才是这一篇的意义。

庄子在这一篇中写了四类人，第一类是有了一点能力就跃跃欲试，想要进入社会，大干一场的人，这就是颜回；第二类是处在水深火热的官场，充分进入社会的有身份、有地位的人，这就是叶公子高、颜阖；第三类是有才华却与社会保持距离的隐士，这就是楚狂接舆；第四类是看起来没有颜值，甚至没有健康的小老百姓，他们反而得以保全自己，颐养天年，这就是支离疏。

在庄子心目中，这四类人的境界恰恰是倒过来的，支离疏是德行最高的，最懂得在乱世如何保全自己，如何能不操心；其次是隐士，能保全自己，但是还操心孔子这样的人，劝说孔子不要入世太深，惨遭迫害；再次是在官场上有危机感并且请教高人的人，这类人一定不会犯大的错误；最后一种就是像颜回这样的人，自己的道还没修好，就要去拯救乱国乱人，这是最危险的，更有可能是被名所蛊惑。

庄子借孔子讲出以下这段话，这是庄子的三种言说方式——寓言、卮言、重言中的“重言”，就是托有威望的人来讲话。

仲尼曰：“天下有大戒二：其一，命也；其一，义也。子之爱亲，命也，不可解于心；臣之事君，义也，无适而非君也，无所逃于天地之间。是之谓大戒。是以夫事其亲者，不择地而安之，孝之至也；夫事其君者，不择事而安之，忠之盛也；自事其心者，哀乐不易施乎前，知其不可奈何而安之若命，德之至也。”

这段话在原文的靠后位置，提到这里来讲，因为它是对人间世的概括，是这一篇的问题意识。大戒，就是大法，就是两样法则，谁也逃不掉。之所以不用法，而用戒字，就是增强它的不可改变性。那到底是什么呢？

第一，“子之爱亲，命也，不可解于心”。孩子爱父母，这是命，庄子的话很简洁，阴阳两面，说出一面，就代表了另一面，也就是说，父母爱孩子，这也是命。简单来说，就是亲子关系，庄子用“不可解于心”来说，这话很有感情，很重，就是你心里放不下。庄子并没有说这是谁强制给你的，不像儒家喜欢讲孝，讲慈，更多地从人伦与道德上讲。庄子却揭示了，亲子之爱不是伦理，是天然。这是个很纠结、很奇特的关系。无论你长到多大，父母最牵挂的人都是你；无论你与父母的关系如何，哪怕闹僵了，哪怕断绝了，心里也还断不了。一想到父母那渐渐苍老的脸，想到父母望着你的目光，你心里就会疼，就会放不下。庄子说，这就是命，是天生的。儒家会认为这是血缘，我们与父母注定是心和心连在一起的。这既是我们在世界上最宝贵的一种生命链接，同时也是我们在世间最大的束缚，所以叫大法。

第二，“臣之事君，义也，无适而非君也”。臣子侍奉君王，这是不可避免的，义，本义是宜也，就是适宜的意思，必须做到适宜。在这个关系中，没有哪个地方是没有君王的。在古代，这是君臣关系，它隐喻的是上下级关系。我们处在一个社会关系网中，在今天，只是不用君臣这两个字来形容而已，但我们在这个巨大的网中，无论是哪个结点，都有上下的关系。在单位有领导，在学校有师长，在班上还有孩子王，总有个上下关系。可能有人会说，那要是当总统，是不是就不受任何人的束缚了？你想想看，如果定好了哪天出访美国，总统也不能早上起来说，今天在家看电视，美国就不去了吧。即便是在最上位的人，也还是处在关系之中，他的上面不是具体的人，在古代叫天，在今天就叫人民，无论官位多高，还得听听老百姓怎么想。这就是在社会关系中，上与下之间的制约与服从的关系，下必须服从上，上也受到下的制约。

家庭关系与社会关系，亲子关系与上下关系，是无可逃于天地之间的，即便是庄子这么洒脱的人，也还用了这么重的判断句来形容，无可逃的。那就是束缚，这是这段话的第一层含义。

能否在这种关系之中又超越这种关系的束缚，这是庄子在第二层中说的，“夫事其亲者，不择地而安之，孝之至也”，对待亲人，就是不管在什么处境下，都让他们安心，这就是最高的孝敬。对待上级，不管在什么事情上，都让他们安心，这就是最高的忠诚。

庄子重视的是父母与上级的心理感受，而不是形式上的。让对方安心，这个是最难的。这段话的第三个层次又升华了，“自事其心者，哀乐不易施乎前，知其不可奈何而安之若命，德之至也”。第一层次的观点也是儒家同意的，所以庄子借助孔子来说话；第二层次与儒家有角度上的不同，但儒家也不会反对的，我们稍后分析。第三层次才是庄子升华出来的课题，就是如何侍奉自己的内心。

我们来到世上，根本目的不是侍奉父母，不是侍奉上级，他们都是我们面对的一种关系，我们的根本目的是侍奉好自己的内心，你的内心才是你的主人。侍奉内心最好的方法是：不要让情绪与情感控制了你，不要让哀乐的情绪与情感左右了你，让你一辈子在情绪与情感中打滚，被束缚，被牵制。对待命运中努力了也改变不了的东西，要安然接受，这是对待情绪与情感的重要的一步。否则，一生与命运对抗，其实就是一生被命运捆绑。

我们可以比较一下，庄子对待孝与儒家有何不同？第一种关系比较简单，亲子关系好处理，但儒家与道家的处理方式不同。孔子对待孝，很具体，针对不同人有不同的回答，例如：

> 子夏问孝。子曰："色难。"（《论语·为政》）
>
> 孟武伯问孝。子曰："父母唯其疾之忧。"（《论语·为政》）
>
> 父母在，不远游，游必有方。（《论语·里仁》）

这些非常具体，对父母的态度要和气，控制情绪；要注意身体，不能生病；没有方向，没有目的，就不能轻易去远的地方，因为人生最大的遗憾是"子欲养而亲不待"（《孔子家语》）。庄子却没有细节的讨论，他说："子之爱亲，命也，不可解于心"，"不择地而安之，孝之至也 "（《人间世》）。不管什么时候都要让父母安心，这就是孝，父母真正需要的不是你给他们发多少红包，打多少电话，而是你让不让他们放心。庄子说："为善无近名，为恶无近刑。缘督以为经，可以保身，可以全生，可以养亲，可以尽年。"（《养生主》）做善事不为名累，做恶事不要过分，保护好自己，做到中道，不要走极端，这样才能养好亲人。第二种，涉及上下级的关系，就不好处理了，下面庄子会针对具体的事、具体的人给出不同的建议。

第二十八讲　我拿什么拯救你

《人间世》中第一个出场的是颜回。颜回何许人？春秋时鲁国人，孔子最喜欢的弟子。为什么？因为他好学，好学是孔子最注重的品德。孔子曾赞叹颜回："贤哉，回也！一箪食，一瓢饮，在陋巷，人不堪其忧，回也不改其乐。贤哉，回也！"（《论语·雍也》）注意，古人的话是不轻易重复的，孔子说："颜回，多么贤能啊！一箪饭，一瓢水，住在简陋的小屋里，别人都忍受不了这种穷困清苦，颜回却一直这么好学，不曾改变，没有改变他好学的乐趣。颜回，多么贤能啊！"

颜回因为好学，傻乎乎的，简单，所以对孔子的道领悟得最深，他曾感叹说，孔子讲的道"仰之弥高，钻之弥坚，瞻之在前，忽焉在后。夫子循循然善诱人，博我以文，约我以礼，欲罢不能”（《论语 · 子罕》）。他说老师的道不可捉摸，越想靠近越靠近不了，一会儿在上，一会儿在下，一会儿在前，一会儿在后，你越找它，它越不在。夫子就是这样引导我们去体会道的，所以我学得欲罢不能。颜回这段话很高明，完全掌握了非对象化的道，就是无法拿在手上却可以体会的道。他不愧是孔子最好的学生。

颜回 29 岁头发就全白了，40 岁就去世了。孔子说：“噫！天丧予！天丧予！”（《论语 · 先进》）颜回的死简直是天亡我，天亡我，感叹了两次。鲁国国君问孔子说：“你的学生中谁是最好学的？”孔子回答说：“颜回。”因为颜回“不迁怒，不贰过”（《论语 · 雍也》），他从不把脾气发到别人身上，同样的错误也绝不会犯两次，这是很难做到的。我们的情绪常常都会发在身边人的身上，犯了一次错误不会总结，不会避免，继续犯。孔子说，颜回之后，就再没有发现好学的人了。这个评价非常高。老师对爱徒的痛惜，毫无保留的夸赞，足以见出颜回的修行是多么好。

庄子同样用“重言”的方式，让这些重要人物出场。庄子讲述颜回拜见孔子，向孔子辞行。孔子问：“要到哪里？”颜回说：“去卫国。”孔子说：“去做什么？”颜回说：“我听说卫国的国君，年壮气盛，独断专行，处理国事轻举妄动，看不到自己的过错；用民草率，死者堆满了水边，像草芥一样，百姓无家可归。我曾听先生说过：‘国家太平就可以离开它，国家混乱可以前往拯救，就像医生的门前有很多病人。’希望根据从您这听到的道理，思考如何去践行，或许这个国家还有救。”仲尼曰：

> 嘻！若殆往而刑耳！夫道不欲杂，杂则多，多则扰，扰则忧，忧而不救。古之至人，先存诸己而后存诸人。所存于己者未定，何暇至于暴人之所行？……德荡乎名，知出乎争。……二者凶器。

孔子这几句话振聋发聩，他当然不同意颜回这个傻乎乎的学生去。他说：“你去可能就是送死，修道不能杂乱，杂乱就会多事，多事就会受到干扰，受到干扰就容易带来忧患，忧患来了就不可挽救了。古时候的至人，先把自己的道修好了，先拯救自己，再拯救别人。如果自己的道都没有站稳，怎么能去教化暴君的行为呢？你也知道德行的败坏和智巧的产生都是因为什么吗？德行因为名利而败坏，智巧因为竞争而滋生。名利就是相互倾轧的原因，智巧就是相互竞争的工具。这两样都不是好东西。”

颜回是个好学生，很可爱，看到卫国不好就要去救，自己的悟性确实高，从孔子这里学了很多东西，但没有社会经验，没有阅历，只是理论上的知道。所以，孔子不让他去。有意思的是，历史上类似的故事就发生在子路身上，当时卫国的国君卫灵公死了，大臣们想立公子郢为国君。公子郢就推让，认为在外的太子蒯聩的长子姬辄还在国内，而且已经成人，按照宗法制应当立其为国君。于是姬辄便顺利即位，这便是卫出公。但问题马上就出现了，爸爸还在，本来应当是爸爸的国君位置却被儿子占有了。而出公又没有提出迎接爸爸回来，连这种意图都没有。十二年后，蒯聩心理严重失衡，便悄悄溜回卫国，赶跑了出公。父亲赶跑儿子夺回君位，虽是国家之事，实际也是人家家庭内部之事，别人不用管的，但子路就很任性地去管了，最后被乱刀砍死。

孔子听说卫国发生内乱，马上说："嗟乎，由死矣！"（《史记·仲尼弟子列传》）完了，子路肯定躲不过一劫。如果子路进城之前咨询一下孔子，孔子一定会劝阻他的。孔子对他的死也很伤心，据说以后再也不吃肉酱了。庄子为什么要把这个故事安在颜回的身上呢？大概是因为颜回与孔子要有七问七答，来来回回辩论这件事，庄子得借助这个对话把自己的思想充分展开，在子路身上不可能发生，子路粗鲁勇猛，学问不高，说不出那些辩论的话来。

如果这个角色不是子路，不是颜回，而是庄子，庄子一定不会去的，连问都不会问孔子的。因为庄子是能看透时代，看透人性的，这样混乱的国家，残暴的国君，如果你没有足够的智慧与经验，是断不可以去送死的，这是自知之明，也是养生的最基本的道理。

在历史上，这样的事情经常出现。颜回是正义的学生或知识分子的写照，面对一个混乱的国家，一些残暴的人，自己又学了点知识，是否应该去救？伊拉克、利比亚、阿富汗等等，很多问题，你有多少学识够你去拯救它们呢？儒家提倡“杀身成仁，舍生取义”，是在关键时刻，非你不行的时候，你顺应了历史的时机，做了正义的事，不是什么情况下都鼓励人去送死的。

2008年汶川地震的时候，很多志愿者都去了，结果弄得当地救援更加困难，因为这些初出茅庐的学生连自己都照顾不好，又是下雨，又是泥石流，物资也不够，当地的士兵还要帮忙照顾他们，他们去了反而添乱。

所以，庄子借孔子的口说，你为什么要去拯救？你自己都没把道修好，杂念太多，管得太多。你去的动机究竟是什么？如果是为了美名，或为了与别人竞争的话，那就算了吧，没有比美名与竞争更影响人的道德修行的了。

你看，庄子真的很成熟，与孔子一样。面对历史上这样糟糕的事，心有余而力不足，就不能去逞能，而应该保护自己。“先存诸己而后存诸人”（《人间世》），自己的道行还不够，就不要想着去拯救别人。拯救别人最好的方法是先拯救自己，用什么？用道。继续修道，随机应变，历史的转折处，用得着你的时候，你的道够了，自然就可以出山了，像姜子牙、诸葛亮一样。

鲁迅的《记念刘和珍君》，对被段祺瑞政府无辜杀害的学生们，他写下了这段著名的话：

> 时间永是流驶，街市依旧太平，有限的几个生命，在中国是不算什么的，至多，不过供无恶意的闲人以饭后的谈资，或者给有恶意的闲人作“流言”的种子。至于此外的深的意义，我总觉得很寥寥，因为这实在不过是徒手的请愿。
>
> 人类的血战前行的历史，正如煤的形成，当时用大量的木材，结果却只是一小块，但请愿是不在其中的，更何况是徒手。

年轻的时候我们都热血冲动，这份热情可歌可泣。但是，每当我们冲动的时候，一定要想想孔子的话，想想庄子的话，想想鲁迅的话。

第二十九讲　善行得到恶果怎么办

颜回问孔子能不能去救卫国，学有所用，去试试。孔子当头棒喝，说你的道修得还不够，胡思乱想，头脑不清醒，你去是为了美名和争强好胜的心理吧。颜回心理肯定不舒服，孔子说，你道德醇厚笃实，但没有到达人情练达的地步；不与别人相争，但没有到达能直抵人心的地步。你却勉强要以仁义之准则宣讲于暴君之前，这是用他人的过错来彰显自己的美德，这叫作“灾人”，也就是害人的人。那么，别人也会反过来害你。孔子是说，自己光懂道理，不通人情世故，也没有劝说人的技巧，只会让暴君感到你在羞辱他，你在用自己的道德比对他，让他很难堪，感到你这是在害他，对他不利，他一定会杀了你的，这叫“聪明反被聪明误”。孔子又说，如果卫君喜爱贤人而厌恶小人，何需你去追求与人不同？除非你什么也不说，否则卫君一定会抓住你的漏洞乘势将你辩倒。这时你就乱了方寸，感到眩晕，还要假装无动于衷、和颜悦色地去缓和局面，脸色表现出迁就，心也顺着他去想了。这简直就是以火救火，以水救水，这叫帮倒忙。而且你开始就顺应着他，就没有结束的时候了，如果他不相信忠厚之言，你就必定会死在暴君的面前。

这个结论下得很干脆，符合山东人的特点，直来直去训导学生说你去送死吧，你去了必死无疑，你这两下子，暴君怎么会听你的，肯定认为你妖言惑众，杀了你。德行坏的人，哪能容得下德行好的人存在呢？下面孔子就举了几个忠臣却没有好下场的例子，可谓是教科书级别的鲜血淋漓的史实。他说，从前桀杀关龙逄，纣杀王子比干，都是因为他们修身而能在处下的地位抚恤民众，处下而触犯了在上的君王，所以君王因为他们修身而杀害他们。这就是好名的结果。从前尧攻丛枝、胥、敖，禹攻有扈，这些国家成为废墟，民成厉鬼，国君被杀，他们不断用兵，贪图实际的好处而不知停止。这些都是追求名和利的人，你难道没有听说过吗？名与利，连圣人都很难克服，更何况你！

我们先来说说关龙逄，他是中国历史上一位名相，夏桀荒淫无道，不理朝政，建设瑶台，远贤臣，亲小人，终日与一个叫妹喜的美女寻欢作乐，对妹喜言听计从，把自己比作永远不落的太阳。你看，有些人一旦拥有了权力会多膨胀。关龙逄实在看不下去。多次向夏桀进谏，要他关心百姓与国家，但夏桀根本听不进去。关龙逄决定献黄图进谏，黄图就是一种地图，关龙逄想借此说明形势危急，关龙逄献了黄图，故意站在那不走，你看多傻，多固执。夏桀看到关龙逄的样子，很不耐烦，早就对絮絮叨叨、净说难听话的关龙逄厌恶极了，什么也不问便把黄图烧毁，把关龙逄囚禁起来，不久就杀了。

庄子肯定是反对这样的做法的，所以借孔子的口说，关龙逄是好意，为百姓好，为君王好，但没有得好报，光有忠诚、正直、善良的美名有什么用？

比干就更惨了，他是商纣王的叔叔，先后辅佐殷商两代帝王，忠心耿耿，他的故事充满侠气。《封神演义》说商纣王被妲己迷了心窍。比干看出妲己和她招来陪纣王玩的那些女子都是狐狸精，他就带兵围困了狐狸洞，放火烧死了那些狐狸。话说他做事也够狠，他把没有烧焦的狐狸皮捡回来，让人做成袍子，冬天献给了商纣王，来震慑妲己，让妲己不能靠近。妲己见到这个狐狸皮袍子，想到是自己的子孙的皮毛制成，心如刀绞，怒火中烧，发誓要挖比干的心。她招来野鸡精胡喜媚做托儿，她假装吐血，胡喜媚告诉纣王，只有用玲珑心一片煎汤吃下，才能治好。纣王喜爱妲己，鬼迷心窍，就问，哪里有这样的心啊？胡喜媚说，只有比干有，借一片用用嘛。纣王就真的召唤比干来。比干又怒又惊又伤心。本来姜子牙算过他的命，给他开了个符，让他烧成灰喝下就没事了，他也喝了，但性格直爽，大骂纣王，对有这样的国君非常绝望，什么逃脱的办法都没想，侠肝义胆，当堂义正词严，他说："我比干在，国家在。我比干亡，国家亡。我又没有犯该挖心的法，凭什么要为一妖女挖我的心？你脑子真的进水了。"他朝太庙大拜了八次，说成汤二十八世的天下，没想到就断送在纣王的手中了，请原谅他没有照顾好江山，不是他不忠诚，是纣王没长脑子。然后自己拿刀剖腹，取出心扔了下去，一滴血都没流。他面不改色，沉默不语，骑马飞奔好几里路，这时忽然听到一个卖菜的妇女在吆喝卖无心菜。比干勒马询问，说："人没有心会怎样？"卖菜的妇女说，人没心就死了。比干才恍然大悟，大叫一声，血流如注，一命呜呼。后来姜子牙辅佐周灭了纣，把比干追为文曲星君。

这个故事可谓荡气回肠，所以孔子对颜回说，尧和禹这样的圣人都攻打过很多小国家，没有正义的战争，背后都是名和利，连圣人都逃不过名和利的蛊惑，何况是你！你敢说你纯粹是为了救卫国，不是为了获得美名，为了让别人或后人夸赞你厉害吗？

颜回固然心地善良，听说卫国生灵涂炭，他有为民除害之心。但值得讨论的是，如何用对你的善良？当你的善心得不到好报的时候，比如关龙逢、比干，是否要执意劝说到底，把善心坚持到底？引申到我们现实生活中，就是当你的好心被当成驴肝肺的时候，当你的善良带来了恶的结果的时候，你如何对待自己受到的委屈？孔子给出的方式叫“以直报怨”（《论语·宪问》），老子给出的方式叫“报怨以德”（《老子·第六十三章》）。孔子的意思是，直接怼回去，心里有怨气，直接说。直，是直接、率直的意思。老子的意思是，有容乃大，去包容对方，这是你的美德。

第一种方式，你表达了自己真实的想法，心里不会委屈。但对方未必听你的，很可能只会激化矛盾。第二种方式，能包容对方给自己带来的委屈的人很少，可能只有圣人能做到。这是近乎宗教性的情感，就如同《圣经》中说的，别人打你左脸，你把右脸也送过去，让对方气消了，你就好了。在佛教中也如此，对方成全了你的修行，你灭了自己的业障，还了了前世欠他的债。这一做法，差不多只有有宗教信仰的人才能做到。最好的方法，就是提前预防，用对你的善，不要让善带来恶果。

用对你的善，就是要对人性有个判断。老子说：“知人者智，自知者明。”（《老子·第三十三章》）要动脑子去判断对方值不值得你善待。对好人善是一种愉悦，对坏人善就是对自己残忍。给孩子讲三个寓言故事，就足够用一生了：

第一个故事是关于善良，叫《农夫与蛇》。农夫怕蛇冻死了，把它揣在怀里，结果呢，蛇醒了就把农夫咬死了。所以，不要滥用自己的同情心。

第二个故事是关于欲望，叫《渔夫与金鱼》。渔夫捕到了金鱼，放生了。渔夫的老婆管金鱼要了新木盆、大房子……最后还要当海上霸主。结果，渔夫回家一看，他老婆要的东西都没了，身边仍然是个破木盆。所以，做人不要太贪了，否则一无所有。

第三个故事是关于困难，叫《乌鸦喝水》。乌鸦尚且能想办法把石子儿扔到瓶子里，喝到了水，更何况人。所以，遇到困难，第一反应不是抱怨，而是想办法。

第三十讲　如何让气柔下来

颜回与孔子的第一次问答，是要不要去救助卫国。孔子晓之以理，颜回当然还心有疑问，于是又有了下面的六个问答，层层递进。颜回说："我身形端正，虚心真诚，勉励自己，用心专一，这样可以吧?"孔子说："唉！怎么能这样呢！他飞扬跋扈，喜怒无常，常人不能违抗他，他屏蔽了别人的进谏来获得自己内心的舒畅。这样的人，用小德慢慢感化他都不成，更何况给他讲大德呢？他一定固执不化的，表面附和你而内心没有消除自己的固执。你的方法怎么能行呢!"简单说，就是你德行越高，越讲大道理，卫国的国君越讨厌你。

颜回说："我有办法，我可以内心直率而外表毕恭毕敬，陈述己见而上溯古人。我表面上与大家一样，手里拿着上朝的笏长跪，弯腰拱手，尽到做臣子的礼节，一副很恭敬的样子，大家这样做，我也不敢违抗，但我的内心还是赤子之心，与天做朋友。我劝诫国君的时候就引用古人的话，古代有这样的情况，不是到我这儿才这样做的，这样就不会被诟病了，老师你觉得怎么样?”

仲尼说：“唉！太多地纠正别人的法度而不能通达，这样的方法虽然不至于招来祸患，但没什么用处，还是达不到感化别人的程度，你还是太执着于自己的成心了!”颜回的意思就是外圆内方，慢慢让国君听进去。孔子则认为，国君要能听进去，还用得着你去说吗？你要屈从他的权威，不被他同化了就不错了，怎么能改变国君，让他内化于心，变成一个好人呢？

前三问都是就事论事。后四问就是庄子要讲的功夫论问题了，讨论的是怎么修道的事。庄子的意思是，等你自己的道修好了，再去救助别国别人吧。颜回这次听进去了，但他还是困惑，总不能见死不救吧。颜回终于说，我没有更好的办法了，老师您有什么办法？孔子说：斋戒。

这话是不是很奇怪，为什么去卫国还需要先斋戒呢？颜回又不理解了，说他家穷，好几个月都不饮酒、不吃肉了，这样就算是斋戒了吧？孔子说：“哪里，你这是祭祀中的斋戒，不是心斋。”

颜回问：“那什么是‘心斋’?”孔子说：“这就是说，你要心志专注而单纯，不要用耳朵去听而要用心听，不要用心听而要用气听！耳朵要对外界的声音毫无触动，心与外界事物要完全没有交接，这就是专注的状态。气，是指虚空而能容纳万物的东西。道就聚集在这虚空之中，这样虚空的状态，也就是心斋。”

大家注意，这里的“心斋”变成名词了，就是心灵的屋子。这个屋子是空的，比喻心灵的虚空状态，或者虚静状态。道就在这种状态中存在。《淮南子·精神训》也说：“虚无者，道之所居也。”在这样虚空的状态下，就能体会到与宇宙合一的道了。颜回非常好学，于是有了最后一个问答，颜回说：“我刚开始没有得到这般教诲，确实有自我的存在；得到了教诲，就不曾有自我的存在了，这可以算是‘虚’吗?”孔子说：“你能进入藩篱之中而不为名位所动，别人听得进去你就说，听不进去就不说。安定下来，寄托于不得已而为之，就差不多了。不走路容易，走路却不留形迹就困难了。被人驱使容易变得虚假，被天驱使而顺其自然就不容易变得虚假。观照那空明之心，心空下来才能出现光明。福善之事停留于平静的心上。如果心不能静下来，这就叫作‘坐驰’。”

这个故事的关键无疑就是“心斋”，心斋是让心空下来。庄子讲了三层：耳—心—气。耳朵是纯粹感官的，是被动接受各种杂乱的信息的。心是能思的，孟子说：“心之官则思。”（《孟子·告子上》）气是既无感官感受，也没有理性思考的，完全顺其自然的状态。《老子》第十章说："载营魄抱一，能无离乎？专气致柔，能婴儿乎？"就是说你的魂魄能不能安顿好，不要魂飞魄散、心猿意马，到处驰骋。后来庄子叫"坐驰"，就是人坐在这里，心不知道跑哪儿去了。最高的境界还不是心的专注，而是气的致柔。心是有意念的，会思考的，这个也要打消。只剩下气，这就跟婴儿的状态差不多。婴儿一气贯通，腹式呼吸，用力也是全身用力，所以怎么哭嗓子都不哑。不能小看婴儿，他们才是真正的二次元，元气满满。

用气听，就是让自己完全处在被动的状态。这时候，才能与整个宇宙沟通，心才真的虚空下来，静下来了。这在气功里是入定的状态。天地合一，时间消失，绝对寂静。你可能问这样的好处是什么？就是你会体会到整个宇宙，身心合一，能更清醒地思考问题。很多大企业家都喜欢禅修静坐，其实就是庄子说的"道不欲杂。杂则多，多则扰，扰则忧"（《人间世》）。修道的功夫就是要单纯、寂静，一切变得简单，没有困扰，没有打扰，也就没有忧虑了。这时一切都能看清楚：自己，局面，当下，未来，也就知道该如何选择了。你看诸葛亮打仗之前都要给自己算一卦，其实目的不在算卦，而是让自己静下来，观察形势，清清楚楚，明明白白，静极而动，发而皆中节。

今天的中国人为什么变得不温柔了？戾气、急躁，无论男人，还是女人。老庄认为静能生动，柔能克刚。这柔不仅是外在气质，更是内心状态。因为今天的人内心塞了太多的东西，欲望、名利、攀比、焦虑。作为父母，先自己修身，再谈教育孩子。《弟子规》《论语》等国学启蒙读物，应该家长学，家长学好了做给孩子看，言传身教，而不应该只是让孩子背，孩子背只能培养语感，真正做到与否，完全靠家长的以身作则。

父母自己做好，孩子才能好。父母就是孩子的一面镜子。父母喜欢看手机，孩子也会迷恋手机；父母脾气大，孩子也会脾气大；父母撒谎，孩子也会撒谎。父母浑身的优越感，孩子也不低调；父母苛求完美，孩子也必小心翼翼。我觉得修身从柔做起，让你的声音、动作、内心和人生目标都柔下来。

第三十一讲　为什么晚上要吃块冰

叶公子高，名诸梁，字子高。故事说的是他将要出使齐国，齐国国君是姜太公的后裔。齐楚二国，来往很多，常常相互赠送玉帛，成玄英《南华真经注疏》说，二国“或急难而求救，或问罪而请兵，情事不轻，委寄甚重”，要么是有难求救，要么是闹掰了打起来，总之两国关系很敏感，对使者的要求很高，所以叶公子高很焦虑，临行前他要去请教有智慧的孔子。

这里的孔子也是假托，是重言的写法，就是托重要的人物讲话，其实是借孔子之口说庄子之话。他对孔子说：“楚王给我的任务太重了。齐国对待使者，表面上恭敬而实际上推脱怠慢。一般人我都不能说动，更何况诸侯？我感到非常恐惧。先生常常对我说：‘任何事情，无论大小，很少有不合乎道而能愉快地达成的。事情如果办不成，就一定有人事上的祸患；办成了也有或悲或喜的感情对身体造成的伤害。无论成与不成都没有后患的，只有德高的人才能做到。’我吃粗茶淡饭而不求精美，烧火做饭的人不用求清凉。现在我早上接到命令晚上就要喝冰水，这是我内心焦虑万分吧！我还不知道事情的实际情况，就已经阴阳失调，激荡于心；事情如果办不成，必定遭到人事上的惩罚。这是双重的灾难，作为臣子我实在承担不了，先生一定有可以教导我的吧！”

“事若不成，则必有人道之患；事若成，则必有阴阳之患”，这段话很经典，与常人思维不同。事情要是谈不成的话，两国关系肯定就不好。即便谈成了，也是绞尽脑汁，阴阳不调，身心疲惫，这叫“阴阳之患”。“内热”，也就是今天说的焦虑症。所以，晚上要吃一块冰，让自己冷静下来，非常形象。

孔子没有直接回答他该怎么办，而是先讲了人生有两件束缚的事，一是亲子关系，一是君臣关系，我们在《人间世》一开始就讲过了。所以，这是普遍问题。孔子说，你尽到力量就好了，重要的是让君王放心、安心，让他知道你尽力了，既不会背叛他，也不会敷衍他。你自己呢，不要太焦虑结果，重要的是自己的情绪不要受影响，不要慌乱。对待自己内心要做到不要让哀乐来回变换，知道无可奈何，就要泰然处之，这就是大德。做君王的臣子，一定有不得不做的事情。根据事情的实际情况去处理而忘掉自身，哪有功夫喜欢生而憎恶死呢！这样做就行了！

把自己不得不做的事做好了，这是自己唯一能把握的事。因为作为使者，在两边都是被动的，在两方利益的拉扯中，自己的处境很难，不如置身事外，把应该传达的传达到就行了。那究竟如何传话？庄子说：

> 夫言者，风波也；行者，实丧也。风波易以动，实丧易以危。故忿设无由，巧言偏辞。……故法言曰："无迁令，无劝成。"过度，益也。迁令劝成殆事，美成在久，恶成不及改，可不慎与？且夫乘物以游心，托不得已以养中，至矣。

如何做一个好的传话人？对语言的变动性表示警惕、怀疑，消解语言而达到游心。"乘物以游心"这句能代表庄子的句子是在这样的语境中出现的，就是常常深陷一种处境，一种夹缝中的身份，很被动，要协调双方的关系和利益，而自己又没有任何话语权。孔子让他看到这是人避免不了的一种关系，在这种关系中，你顺其自然，只在自己能活动的范围内活动就好了，不要改变君王的话，一件事情的做成往往需要很长的时间，不能急。始终不要忘了你的心最重要，你要养护它。养护它就是不受情绪与情感的干扰。

其实平时是不需要道家的功夫与境界的。道家是在人生困顿处需要的智慧，甚至在濒临绝境时，给人以希望，让人知道人在最艰难的处境中，也不能伤害自己的心，而只有自己可以保护自己的这颗心。

其实不仅是在官场，任何身份在任何情况下都有可能处在夹缝中，作为中间人，要在双方的利益交战中安放自己的位置。只是在官场上，这种关系更微妙复杂，与自己的利益联系更紧密而已。古代人有不同的选择，归纳起来，也就是四种：

第一，舍命保名节。我们来聊一聊屈原，屈原的人生信条是："安能以皓皓之白，而蒙世俗之尘埃乎？"（《楚辞·渔父》）他的一生都在与小人的谗言做斗争，最后国破人亡，以身殉国。被我们称为爱国主义的典范，在文学上，他创作的《离骚》开辟了浪漫主义的先河，可以与《诗经》相媲美。

屈原早年受楚怀王信任，任左徒、三闾大夫，兼管内政外交大事。但在当官期间一直都不开心，总是被小人谗言，他提倡美政，主张对内举贤任能，修明法度，对外力主联齐抗秦。因此遭到旧贵族势力的排挤诽谤，被先后流放至汉北和沅湘流域。楚国郢都被秦军攻破后，屈原自沉于汨罗江而死。

屈原的死，其实重要的不是殉国，重要的是以死表明与官场的决裂，给他受到的一切谗言一个决绝的回击。这是对一切谗言与流放的凄苦命运的最后一搏，以死证明自己的人格，标示出自己灵魂的刻度。尽管在道家看来，这样做也是一种固执。

对屈原这种喜欢香草、精神有洁癖的人来说，世俗太脏了，活得太累了，越是清白单纯之人，越容易被人利用和诟病，所以，屈原选择不玩了，让自己的死被自己的时代记住，也被后人记住。尽管死得似乎有些不值，看起来不够养生，也不够通透，但他代表了一种态度，一种生命观。

第二，辞官得自由。陶渊明选择的就是辞官归隐，官场黑暗，就选择另一种活法。陶渊明在历代文人中是最契合庄子的，无论是精神气质、作品还是人生选择。

陶渊明说："久在樊笼里，复得返自然。"（《归园田居》其一）"富贵非吾愿，帝乡不可期。"（《归去来兮辞》）他把官场比作牢笼，当官得到的富贵不是他真正想要的，你看这是个多么清醒的人，知道自己内心想要的是什么。他说："聊乘化以归尽，乐夫天命复奚疑！"（《归去来兮辞》）这里的"乘化"是受佛教影响，也与庄子的"乘物以游心"遥相呼应。"乐夫天命"，就是安天乐命。他找到自己的命应该在田园，虽然生活清贫，没有保障，"晨兴理荒秽，带月荷锄归"（《归园田居》其三），自己又不太会种田，地里草长得比庄稼还多，但心灵是自由的。

第三，仕隐两不误。王维说："行到水穷处，坐看云起时。"（《终南别业》）就是我做官也好，隐居也好，能从政，能写诗，两边都能兼顾，这种平衡能力、驾驭能力很高。两种生活互相平衡，不仅不矛盾，还互相补充。这样的人能力很强，情商很高。他晚年官至尚书右丞，定居南山，亦官亦隐，好佛禅。从佛教的眼光看，无论选择当官，还是隐，还是其他什么活法，都是在这一世的修行，没有什么区别，因此不会二元对立。事事随缘就好。

第四，穷达皆安命。苏轼选择的是无论当官，还是被贬官为民，还是四处流浪，一切随命，永远乐观。就是苏轼说的“用舍由时，行藏在我，袖手何妨闲处看”（《沁园春》）。这是有强大的生命力的。时运好，让我当官时我认真地当，罢免我了，我也潇洒地活。看开了人生起伏，留给后人的是那股顽强的生命力。

苏轼《定风波》曰：“莫听穿林打叶声，何妨吟啸且徐行。竹杖芒鞋轻胜马，谁怕？一蓑烟雨任平生。　料峭春风吹酒醒，微冷，山头斜照却相迎。回首向来萧瑟处，归去，也无风雨也无晴。”这句“也无风雨也无晴”成了很多人的座右铭，无论经历什么，活着就好，回头看看，天空飘着五个字：那都不叫事。

他一生被贬黄州、定州、惠州、儋州，在流亡的路上，妻死子亡，有“十年生死两茫茫”的痛彻回忆，但终化作“不辞长做岭南人”的乐观。“不辞”就是命运来了，我接受，这个包容度是胜过庄子的。他是将孟子的担当精神与庄子的超脱精神完美地结合在了自己身上。所以，这样的人没有焦虑，只有顺其自然、随遇而安的豁达。

我们可以从古人那里汲取很多面对焦虑的方法。后来的王阳明、张居正、曾国藩等等，都很好地处理了官场与精神世界的关系。孔子说："知者不惑，仁者不忧，勇者不惧。"（《论语·子罕》）一个有智慧的人是没有焦虑的。大概这也是庄子为什么选择让孔子来回答叶公子高问题的原因。

第三十二讲　如何与恶人相处

庄子接下来的故事是关于如何与恶人相处的。可能你会问，我为什么要和恶人相处？我远离恶人，一生只与善人相处就好了。问题是：人这一生遇到什么人，不是你能决定的，也不是一开始就能判断出一个人是什么人的。人的一生会遇到几个贵人，也会遇到几个恶人。狭路相逢，终不能避免，那你怎么办？

颜阖是鲁国的贤人，颜阖将要去做卫灵公的太子的老师，这个肯定是自己不想去又避免不了的，太子的老师都是国君给物色的。这个太子就是蒯聩，就是历史上那个不喜欢嫡母南子、想要杀掉南子的人。颜阖说他是“其德天杀”（《人间世》），就是天性残酷，可见对他早有耳闻。蒯聩后来成为春秋时期卫国的第三十任国君。

蘧伯玉是卫国的大夫。颜阖心惊胆战，不知道怎么教这样的恶人，他说："如果不用法度管制他，就会危害国家；如果管制他，又会害了自己。他的智力刚够得上知道别人的过错，却不知别人为什么犯这样的过错。像这样的人，我该怎么办呢？"蘧伯玉说："你问得好啊！首先要警戒，要小心，要站稳自己！不如表面上亲近他，心里诱导他。虽然这样，还是有危险的。亲近他但不要被同化，诱导他但不要显露自己，自我夸耀。表面上靠近他而被他同化，就会颠覆垮掉、一败涂地。心里想诱导他又显露自己，为了名声，就会带来灾难。他如果像婴儿那样，你也像婴儿那样。他没有界限之分，你也不分界限。他无拘无束，你也无拘无束。达到这样，就无可挑剔了。"

这个相处的尺度特别难以把握，一句话说错了，都有可能被杀头。蘧伯玉教给他的技巧也很微妙，基本上像是谍战片。你表面上得顺着他，不然他心里不爽，心里又要诱导他向好的方向发展。顺着他的时候不能被他同化了，就像卧底，稍稍不坚定，就成敌人那边的人了。你诱导他的时候又要神不知鬼不觉的，潜移默化，不能直接讲大道理，否则会让他感觉到你是在自我夸耀，在对比中让他很难堪，所以这个度要拿捏得好。顺着他意味着让他对你没有戒心，他天真的时候，你也装着很天真；他不跟你客气的时候你也不要跟他客气，不然显得很见外；他无拘无束的时候，你也别端着，这样他才能把你当自己人。蘧伯玉又说：

> 汝不知夫螳螂乎？怒其臂以当车辙，不知其不胜任也，是其才之美者也。戒之！慎之！积伐而美者以犯之，几矣。汝不知夫养虎者乎？不敢以生物与之，为其杀之之怒也；不敢以全物与之，为其决之之怒也；……夫爱马者，以筐盛矢，以蜄盛溺。适有蚊虻仆缘，而拊之不时，则缺衔毁首碎胸。意有所至而爱有所亡，可不慎邪！

这段话真是凶险人世的金玉良言，都是从人性出发而说出的用心良苦的话。他说你知道“螳臂当车”的故事吧？为什么螳螂要去挡车呢？因为它觉得自己的胳膊长，挺厉害的。这叫“才之美”，有长处，就炫耀，就被冲昏了头脑，以为自己能挡住车。这是特别要小心的。言下之意，你能去当老师，当然是很有才的了，但千万不要恃才傲物，才气外露。

经常展示自己好的地方就会触犯他。蘧伯玉举了养虎的例子，他说，你不敢给它活物吃，因为它要先把活物弄死了才能吃，在扑食活物的过程中会激起凶残的本性；你也不敢给他整全的小动物吃，因为他撕扯小动物时会激起凶残的本性。而是要等到它吃饱了，再去引导它的性情。虎与人是异类，却能顺从饲养员，那是因为饲养员顺着它的性子的原因；它嗜血成性，是因为养它时逆着它的性子。

伴君如伴虎，所以庄子选择“我宁游戏污渎之中自快，无为有国者所羁”（《史记·老子韩非列传》）。如果庄子走仕途，他学富五车，可能也会被君王请去给太子当老师，也就是颜阖这个角色，多危险，多为难，多无聊，多不自由，所以庄子有远见，婉拒了。“终身不仕，以快吾志焉。”（《史记·老子韩非列传》）那么，什么样叫顺着恶人去说话，又要悄悄诱导他呢？庄子杂篇中有一篇《说剑》，庄子做了一个教科书般的示范。这是庄子后学记载的。

太子担忧国君赵文王整天不务正业，养了一些剑士，天天看他们斗剑，这些人都是头脑简单，四肢发达，蓬头垢面，粗俗不堪。庄子说：“好，给我做一套剑士的服装。”一开头就放大招，没有穿着礼服冠冕堂皇地去劝谏，也没有穿平民的衣服，而是投其所好，穿了剑服。

他见了大王后，彬彬有礼，客客气气，说大王啊，世间有三剑，你可知道？大王很好奇，剑就是剑，怎么会有三种剑呢？所以他说，你说来听听。庄子在征得大王的同意，博得大王的好感时，才开始他的三寸不烂之舌。庄子说：“有天子之剑，有诸侯之剑，有百姓之剑。”赵王问：“天子之剑怎么样？”庄子说：“天子之剑，拿燕溪的石城山做剑尖，拿齐国的泰山做剑刃，拿晋国和卫国做剑脊，拿周王畿和宋国做剑环，拿韩国和魏国做剑柄；用中原以外的四境来包扎，用四季来围裹，用渤海来缠绕，用恒山来做系带；靠五行来统驭，靠刑律和德教来论断；遵循阴阳的变化而进退，遵循春夏的时令而延续，遵循秋冬的到来而运行。这种剑，向前直刺一无阻挡，高高举起无物在上，按剑向下所向披靡，挥动起来旁若无物，向上割裂浮云，向下斩断地纪。这种剑一旦使用，可以匡正诸侯，使天下人全都归服。这就是天子之剑。”

赵文王听了茫然若有所失，说：“那诸侯之剑怎么样？”庄子说：“诸侯之剑，拿智勇之士做剑尖，拿清廉之士做剑刃，拿贤良之士做剑脊，拿忠诚圣明之士做剑环，拿豪杰之士做剑柄。这种剑，向前直刺也一无阻挡，高高举起也无物在上，按剑向下也所向披靡，挥动起来也旁若无物；对上效法于天而顺应日月星辰，对下取法于地而顺应四时序列，居中则顺和民意而安定四方。这种剑一旦使用，就好像雷霆震撼，四境之内没有不归服而听从国君号令的。这就是诸侯之剑。”

赵王说：“那百姓之剑又怎么样呢？”庄子说：“百姓之剑，全都头发蓬乱，鬓毛突出，帽子低垂，帽缨粗实，衣服紧身，瞪大眼睛而且气喘语塞。相互在人前争斗刺杀，上能斩断脖颈，下能剖裂肝肺，这就是百姓之剑，跟斗鸡没有什么不同，一旦命尽气绝，对于国事就什么用处也没有了。”

敢把赵文王心爱的剑士的职业俱乐部比作斗鸡的，也就只有庄子了，还让赵文王心服口服。赵文王牵着庄子来到殿上，让厨子做了大餐，赵文王很惭愧，据说围着庄子的座席绕了三圈。赵文王三月不出宫门，剑士们在自己的住处无聊得自刎而死。这是一个非常幽默地搞定昏君的故事。

若是遇到没有瓜葛的恶人，当然可以离得远远的。问题就在于人生常常会跟你开玩笑，在你身边就有恶人，与你有瓜葛，有牵连，有利益关系或情感关系。严重的叫恶人，不严重的叫小人。你怎么面对？

道家给我们的启发是“以德报怨”，就是包容忍耐。但是，包容忍耐有时候也解决不了问题，因为恶人、小人常常会得寸进尺，把你当软柿子捏。所以，庄子更灵活，当包容忍耐解决不了问题时，更高明的做法是一边投其所好，一边悄悄改变。投其所好，对方才不把你当敌人，首先就避免了矛盾冲突，保全了你的命。缓解了情绪，有了改造对方的机会。然后，就是采取对方喜欢的方式改变他，这样对方才能接受。

庄子切中人性的一点就是，对待恶人，千万不要激怒他，否则，就像给老虎喂活物一样，只会使它在对峙中激发出更凶残的一面。出租车出了好几起这样的事，都与双方的口角有关。当你发现一个人是恶人，无法讲道理时，千万不要恶语，连小孩读的《弟子规》都说“言语忍，忿自泯”，忍一下，常常就能活命。很多悲剧和暴力事件，都是事先没有预料到对方的人性这么恶，当意识到了又没能及时躲闪造成的。人间世，就这么复杂凶险。庄子的超脱、逍遥，无功、无名，是建立在对那个乱世清醒的洞察和对人性的戒备之上的。

第三十三讲　再说无用之用

无用之用，在《逍遥游》中我们就讲过了，无用之大用，看起来没有用，只是因为我们没有换个角度去看，比如惠子的大葫芦。这一篇又出现了几个经典的故事，并把无用的树称为“散木”，把无用之人称为“散人”。庄子讲了一个栎社树的故事，他说，有一位匠石到齐国去，到了曲辕，看见一个被作为土神供拜的栎树。它大到可以为几千头牛遮阴，量一量树干，有百尺之粗，它高到超出山头十仞以上才生枝，可以用来造船的就有十几枝。观看的人很多，如同集市，匠石看都不看，继续往前走。弟子观之不厌，跑到匠石前问：“自从我拿着斧头跟随先生学习，没有看到过这么好的木材。先生看都不看一样，只顾往前走，为什么呢?”匠石说：“算了吧，别说了吧！那是没有用的散木，用它造船很快就会沉没，用它做棺材很快就会腐朽，用它做器具很快就毁坏，用它做门很快就会向外流脂浆，用它做梁柱很快就会被虫蛀。这是不材之木，没什么用处，所以才能这么长寿。”

匠石回到家，栎社树托梦给他说：“你要拿什么与我相比呢？你要拿我和文木比吗？那些楂、梨、橘、柚、瓜果之类，果实熟了就被剥落，剥落树就会被扭折；大的枝干被折断，小的枝叶被拉扯。这都是被它们的才能害苦了一生，自找的被世俗打击，所以不能尽其天年而中途夭折。所有东西都是这样的。我追求没什么可用已经很久了，几乎被砍死，到如今我才保全了自己，你是将要死的散人，又怎么能知道散木呢？”

另一个是关于大木的故事。南伯子綦去商丘游玩，看到一棵大树异于寻常，可以将千乘的车马荫蔽其下。子綦说：“这是什么树啊？一定有什么特别的材质。”仰起头来看它细细的枝叶，弯弯曲曲不能作为栋梁；低头看它粗大的树根，木心不结实，不能做棺椁；舔舔它的叶子，嘴巴就溃烂受伤；嗅嗅它的气味，就让人狂醉，三天都不会醒来。子綦说：“这是不材之木，所以才能长到这么大。唉！神人正是取此无用之材而为大用。”

第三是关于楸、柏、桑的故事。说的是宋国荆氏这个地方，适宜种植楸、柏、桑树。一围两围粗的，想用来做拴猴子的木桩的人就把它砍了去；三围四围粗的，想用来做高大屋宇的人就把它砍了去；七围八围粗的，富贵人家想做棺材就把它砍了去。所以不能尽其天年，而中途就被斧头砍死，这就是有用之才的祸患。

这些都是因为没有用，没有才，而得以存生的例子。那是在乱世，庄子并不是真的写这些物无才，而是它们不符合社会的尺度，不符合绳墨，用社会的标准去看而已。这是其一。其二，在乱世，无才才不会被迫害。庄子用心良苦，要表达这个意思。

演员俞飞鸿在《十三邀》中接受许知远的采访时说："感谢上帝赐我平庸。"她说，因为天才要经受太多的痛苦才能完成他（她）的使命，像凡·高。一个如此知名的演员说出这样的话，非常清醒和谦虚。庄子笔下的散木，正是这样平庸的树木，它的平庸仅仅在于拒绝一切尺子的量，而不是真的平庸。它回到生命自身，平静地平淡地真实地守住自己本来的面目，超出了世人一切以成功为衡量标准的陋习，仅此一点，就够不平庸的了。

我要再次提到印度哲人克里希那穆提，他的所有书都突破了哲学的学究化与经院化气质，又超出了宗教性的劝导，是真正的深层的治愈系列。我读过他的好几本书，深有同感，深表认同，深深震撼。他的书真正让人反省，认清自己的心灵。

他在《爱与寂寞》中提到，人的根本问题就是寂寞，你所做的一切都是为了逃避、遮蔽或遗忘这随时都可能插缝进来的寂寞。追求成功，就是看起来克服寂寞、逃避寂寞的最好的方式。成功是社会塑造出来的一种不言自明的、心照不宣的道德，你不成功，就可耻。你被叫作 loser（失败者），就似乎丧失了做人的资格，这个错误的价值导向让人陷入集体的焦虑、无助、恐惧与癫狂。他说：

> 社会道德的结构是基于模仿、恐惧、个人丑陋的需求和野心、贪婪、嫉妒而成的，而不是基于美德——所以它是不道德的。美德是爱的自然表现。
>
> 当所有存在的问题——如恐惧、贪婪、羡慕、绝望、希望——都得到了解和解决的时候，爱自然会以怜悯的面貌出现。有野心的人不能去爱，依附家庭的人没有爱，有嫉妒的人也无法去爱。如果你没有爱——你去做任何想做的事，崇拜所有的神明，参加各种社会活动，从政、著书立说、写诗——你仍然是个死了的人。

很多人就是像死人一样活了一生，就像罗曼·罗兰在《约翰·克里斯多夫》里说的，“很多人二十岁就死了，只是八十岁才埋”。不把成功作为人生的尺子，不意味着你就不成功，而恰恰意味着生命的解放。每个生命按照自然的方式，走出自己的轨道，他可以是辉煌的，也可以是平淡的，但都得到了生命的原味，没有浪费生命的一分一秒。你赚了大钱也好，你坐在河边钓了一条小鱼也好，你蹲在门前晒了一下午太阳也好，价值感是一样的，都实现了此刻的存在，每分每秒，在切实的体验中真实地度过，内心平静而万象滋生，无成无败，无得无失，生命只是长度有别的一段旅程，不同的生命在不同的地点、不同的环境下，按照自身的方式展开。

但是，这确实是理想的状况，《老子》第三十八章说："失道而后德。"道的这个自然和谐的状态已经消失了，所以儒家式的道德才出现。儒家的道德教化还有正面的意义，让人成为君子，成为善的人，个人修养好，家庭和谐，国家稳定。今天，成功似乎成了人活着的唯一目标、唯一导向、唯一标准，小孩子"不能输在起跑线上"，青年人"把优秀作为习惯"，中年人"不只是眼前的苟且，还有未来更多的苟且"，这个就把生命彻底异化了，人一生都在焦虑、竞争、野心、嫉妒、恐慌和各种"碾压"中度过。无时无处不存在"碾压"的社会，人在这个"火宅"里是没有快乐可言的。这种"碾压"从朋友圈、家长群、班级群、同学群到所有的饭局、所有的会议、所有的交际、所有的言论、所有的闲聊中，无孔不入，无时不在。

我的一位美国朋友说，他们小伙伴到一起，最喜欢做的事情就是"比惨"。没有人炫富，或炫耀其他什么，否则会被看作幼稚。中国社会什么时候人与人之间不比成功，而是比惨，这未尝不是一种进步。回过头来看看庄子笔下的散木，这唯一不被碾压的存在，是不是很清醒，很幸福？庄子贫困，经常借米，要靠卖草鞋接济生活，为什么能写下千古流传的《庄子》，是不是得感谢上天赐予他平庸，像个散木，却做了一件不平庸的事？

第三十四讲　狂人的肺腑之言

上一讲庄子列举的都是看起来没有用的树，其实恰恰保护了自己。这些树叫“散木”。这样的人叫散人。散人，成为对道家人物的专称。白玉蟾祖师自号“武夷散人”，孙不二元君号“清静散人”，京剧《空城计》里诸葛亮也唱道：“我本是卧龙岗散淡的人。”唐代陆龟蒙的《江湖散人传》说：“散人者，散诞之人也。心散、意散、形散、神散，既无羁限，为时之怪民。束于礼乐者外之曰：‘此散人也。’”散人是实践了逍遥精神，代表了道家气质的人。我也准备给自己起个叫什么什么散人的号。

《人间世》中写了一个经典的散人，叫支离疏，残形丑陋，逍遥世间。在中国的文学著作中，人物形象之残之丑之怪，大概没有超过这个形象的了，大家至多能想象到的也就是《巴黎圣母院》里的卡西莫多。

支离疏，脸隐藏在肚脐之下，肩膀高过头顶，脑后的发髻朝天，五脏的血管向上，两条大腿和胸旁的肋骨相并列。替人家缝衣洗衣，足够过活了；替人家簸米筛糠，足够养活十口人的。政府征兵的时候，支离疏则抡着胳膊，放心地游走于其间；政府征劳工的时候，支离疏则因长期的残疾而免去了劳役；政府发放救济的时候，支离疏则可以领到三钟米和十捆柴。形体残缺不全的人，尚且能够养活自己，颐养天年，更何况道德上与常人不同的人呢！

庄子用支离疏喻“支离其德”者，也就是说他的道德在世俗看来不正常，其实是符合自己的自然天性的。这个形象本身是与楚地的巫术文化有关。巫师一般都是长得很奇怪，有些是形残的人。庄子主要是以此解构虚伪化了的道德，这种道德在孔子那里是没有问题的，只是后来被利用而异化了。所以，《人间世》最后又写了楚狂接舆与孔子的对话，其实就是庄子与孔子的对话，唯一的一次交流，非常精彩。

庄子与楚地有很深的渊源。楚狂接舆其实就是庄子的代表。孔子到楚国，楚国的狂人接舆走到孔子门前唱道：“凤啊，凤啊，你推行的德行为什么衰败了？来世是不可期待的，往世是不可追回的。天下有道，圣人可以成就他的事业；天下无道，圣人可以保全生命；今天这个时代，则只求能免遭刑害。幸福比羽毛还轻，没有人知道享有它；灾祸比大地还要重，没有人知道回避它。罢了，罢了，用德来教化百姓。危险啊，危险啊，这样为人们制定规范。荆棘啊，荆棘啊，不要刺伤了自己的脚胫。我们要绕着走啊，不要刺伤了自己的脚！”

这段话非常有诗意，用的语句都很有感情。“来世不可待，往世不可追”，成了千古名句，未来无法期待，过去周代那么好的制度也无法再现，所以，楚狂接舆说，孔子啊，你保护好自己，千万不要被抓起来判刑，能做到这一点就不错了。孔子周游列国，在战乱的时代到处推行仁政，大家想想看，战争年代，谁会施仁政？对内要搜刮民脂，对外要侵略称霸，仁义礼智信只会被利用来做坏事，只会被掌握权力的人用来判别人的罪，所以，庄子说：“天下有道，圣人成焉；天下无道，圣人生焉。”（《人间世》）可惜，他们所处的是无道的时代。

事实上，孔子也是称自己像“丧家之犬”，北京大学的李零教授还专门写了一本书叫《丧家狗：我读〈论语〉》。孔子这样乐观而又无奈，豁达而又知命地看待自己的处境，他的仁政没有被任何国家采用。相反，自己被“削于卫，困于陈蔡”，七天没有吃的，还在那弹琴。后来回到鲁国，孔子终于明白，这样周游列国推广思想没有用，不如退而著书，就编订了《周易》，删修了《诗经》，作了《春秋》，等等，留下了原始儒家最重要的一些经典。可以说，孔子是痛彻心扉的，但他又是聪明绝顶的，他做到了自己说的“道不行，乘桴浮于海”（《论语·公冶长》），用舍由时，行藏在我，虽然没有庄子那么洒脱，但最终历经各种困苦，完成了自己传道的使命。

所以，儒道并不是对立的，二者看到了同样的社会问题，采取了不同的处理方法而已。所以，楚狂接舆的话，并不是对社会不负责任，而是先保全自己，才能把思想流传下来。我们无论读道家，还是读儒家，要能读到这份古代圣贤的苦心，深知他们一生的凶险与磨难，才是真的读懂了。如同庄子说的，即便千年以后遇到一个懂他的人，那也是“旦暮之遇”，就像是今天遇到的一样。他们在乱世写书，非常不易，都用了特殊的手法，所以今天我们很难读懂，但一旦你读懂了他们背后的用心，就会理解他的手法，而不会只谈论他们表面的意思了。

这样的对话在屈原的《渔父》篇也有，渔父是隐者，也是道家形象，同样是说孔子不要讲这些仁义礼智信，很容易虚伪化，背后也是一片苦心，希望孔子保护好自己，把思想留下来，和平时代再让后人去发扬光大吧。

孔子知其不可为而为之，最后为而不为。庄子知其不可为而安命，最后不为而为。他们才是殊途同归的大师。老子与孔子见过面，尽管有学者质疑，但孔子曾问礼于老子见于《史记·老子韩非列传》，《庄子》之《知北游》《天道》《天运》，《礼记·曾子问》,《吕氏春秋》,《孔子世家》,《荀子》,《韩非子》等文献中。他们的聊天，与楚狂接舆劝孔子的差不多，就是让孔子要谦虚，绝不能命都不要，到处去推行自己的思想，不能自以为是，心气太高。历史的规律在那里，应该悠着点，藏着点。这是中国哲思的源头处对话，对后人启发很大，也为中国士大夫阶层的人生选择提供了很多思想资源。

总的来说,《人间世》告诉我们，众人只能看到“有用”的一面，神人能看到的是表面无用而有“大用”的东西。同样以祭祀为例，那些连祭祀都不够格的东西，在神人来看，这恰恰是它们的幸运。表面上看起来不好的东西，恰恰能使人全其性命。人在世间，诸多凶险，树木一旦有一点用处，就被人砍去使用了。他以此来比喻人事，如果你对别人有用，你就很难避免被人利用，甚至被诋毁，所谓“木秀于林，风必摧之”（李康:《运命论》)。如何在“有用”与“无用”、“才”与“不才”之间做最好的平衡，才是大智慧。庄子本人“不谴是非，以与世俗处”，可谓是一个典范。

庄子所处的时代征兵徭役繁多，民不聊生。他用愤激的、夸张的语言制造出支离疏这样的“怪人”。在别人眼里，他是个残疾人，很不幸，但他恰恰因此躲过了征兵，得以全身养性。庄子讲这个故事的目的并不只在于控诉社会现实，更在于以此说明“支离其德”的“德”，也就是养身、养心之“德”，此

“德”显然与儒家之“德”不同，它不注重仁义礼智信，而注重精神的自由；不希望整个社会遵循一些固定的道德框架而运行，而应该尊重每个人的个性。

在结尾之处，庄子借楚狂接舆之口对孔子进行评价与劝慰。他是理解孔子的，但他认为孔子推行的道德礼制是不足以救社会的。他认为当时的社会太黑暗，圣人不可能实现他的治国理想，能免于刑戮就不错了。可见庄子对当时社会的失望，这也是他主张道家思想而反对儒家思想的原因。他反对的不是儒家思想本身，而是在一个昏暗的时代儒家思想的被异化与利用。所以，王博教授认为，《人间世》的结构是：“从一个希望和正在进入世界的知识分子开始，经过几个在世界中苦苦挣扎的人，最后到一个决定离开世界的人结束。这种叙事的方式其实表现着庄子对这个问题的思考和解决的逻辑过程。这个过程既可以看作庄子和世界的对话，也可以看作和儒家的对话。”（《庄子哲学》）

第五篇《德充符》

第三十五讲　以不变应万变

庄子为什么写这些颜值为零的人？如果从庄子的角度看，每个人都是残疾人，或是身体上的，或是心灵上的，或是身心都有残缺的。每个人都是丑陋的人，或是身体上的，或是心灵上的，最可怕的是心灵上的。庄子内篇一共写了9位残疾丑陋的人，就是毫无颜值的人。但庄子却写出了他们的精神魅力，妥妥的男神，妥妥的明星，不仅粉丝与孔子的粉丝一样多，而且让女人宁愿做他们的妾都不愿做别人的妻，这是什么样的德？

这9位畸人分别是《德充符》里的王骀、申徒嘉、叔山无趾、哀骀它、闉跂支离无脤和瓮盎大瘿，《养生主》里的右师，《人间世》里的支离疏，以及《大宗师》里的子舆。这些名字都很奇怪，也很难读，大家先想象一下《德充符》里这些人的形象：

王骀、申徒嘉：少一只脚。

叔山无趾：没有脚趾头。

哀骀它：天下最丑的人，别人见了都感到害怕。

闉跂支离无唇：驼背、瘸并且没有嘴唇。

瓮盎大瘿：脖子上长了大瘤子。

到了《人间世》中的支离疏，就完全超出我们的想象了，脸隐藏在肚脐之下，肩高过头顶，发髻指向天，五脏的血管在上面，两条大腿和胸旁的肋骨相并列。很像毕加索的立体画，支离破碎，整个形体被重新组织了一遍。但支离疏就因为形体畸形，不仅没有服兵役、劳役，国家还给他发补贴，随便做点事，生活就过得很好了。他恰恰因为长得不正常而得以保全自己，这是《人间世》中的例子，又符合了《逍遥游》里在乱世无用之大用的观点。

《养生主》里的右师，则显示给我们安命的心态。他少一只脚，可能是受了刖刑，但他把这个看成是天生的。他只当作与常人不一样就好了，而常人以两只脚为正常，仅仅是因为大多数人是两只脚而已。

《德充符》里的几个人物都很精彩，他们像是明星，集体亮相，你可能会笑这些人，感叹世上怎么还有这么奇怪丑陋的人，但是你只要与他们相处，就会被他们影响和改变，而且是潜移默化的。

德充符的德，是道家的德，不是儒家的道德，不是仁义礼智信。道家的德是道的体现，“德者，得也”（王弼：《老子道德经注》），德就是得之于天的意思，也就是天然的智慧与精神面貌，完全合乎自然而让人忘形的那种精神魅力。这样的德充斥于内，必然表现于外，“符”就是外在的表征。德充于内，应物于外，内外相合，故可以“遗其形骸”。“遗其形骸”这样的话，大家很熟悉，但历史上大多数“遗其形骸”的人都长得很帅，像魏晋竹林七贤中阮籍、嵇康这些人。长得丑，还能遗其形骸，注重内心世界，注重精神的人真的不多。

这些人，庄子称之为“畸人”，即畸形的人。《大宗师》篇说：“畸人者，畸于人而侔于天”，就是与常人不同，但与天和一，通天的，懂道的，情智都更高一筹的，灵性可以与天对话的意思。《红楼梦》中的妙玉就称自己为“畸人”，妙玉的智慧与性灵，那真的是与天合一了。我们之前说人性中有动物性、人性和神性，畸人是超越了动物性的评价标准，超越了人性中的自卑，达到了神性。

我们先看第一个出场的人物——王骀。王骀是兀者，兀就是少了一只脚的意思。王骀的学生粉丝与孔子的一样多。常季不理解，就问孔子：“王骀是断了脚的人，跟随他学习的弟子和跟随先生的弟子在鲁国各占一半。他站着不可以教化，坐着也不议论什么，但跟随他的人空空地来，充实地回去了。真的无须语言的教导，无形中就能让人有所收获吗?”孔子说:“这位先生是圣人，我也是落在他后面，还没有去向他请教呢。我都准备拜他为师，更何况不如我的人呢！何止是鲁国，我想要引导全天下人跟从他学习。”

王骀真的很神奇，孔子真的很谦虚。常季又问，他为什么能做到这样呢？他的心是个什么状态呢？孔子说:“死生是最大的事情，他都不会随之变化；即使天覆地坠了，他也不会随之损毁。他不受外物变迁的影响，主宰万物的变化而守住事物的关键。”

王骀的心灵状态是即使生死的变化，对他来说也不是大事，他可以“审乎无假而不与物迁，命物之化而守其宗”(《德充符》)，无假，就是无所假借的意思，也就是《逍遥游》中说的“无待”，不依赖什么，所以不会受到外物变化的影响。人们总是会依赖一些东西，譬如依赖一个人，依赖一只猫，依赖一部车，有依赖，所以有失去的感觉，越是依赖一样东西，越是害怕失去，害怕产生变化。王骀什么也不依赖，所以，能任万物变化，守住自己平静如水的内心。

常季说，这是什么意思呢？为什么能不受外在变化的影响呢？孔子说，有什么变化呢？有什么不同呢？“自其异者视之，肝胆楚越也；自其同者视之，万物皆一也。”（《德充符》）你要从不同来看，肝胆离得这么近，也像是楚国与越国那么远。若从万物的相同点来看问题，万物都是一，没什么区别。生与死是大事，但在王骀看来，其实也没有本质区别。他就是知道“一”的人。这样的人，他的心是多么地和谐，他是从整体看问题的，所以失去了一只脚也就像身上掉了块土下来，因为人还是这个人，整体上没什么变化，这是何等的心胸境界！

这就是处事不惊。庄子借孔子之口说：“人莫鉴于流水而鉴于止水，唯止能止众止。受命于地，唯松柏独也在，冬夏青青；受命于天，唯舜独也正……”（《德充符》）人的心不能被外物改变，不能用流动的水作为参照，而只能心如止水，去冷静地看清外物。就像松柏任四季变迁，它都青青如也。人人都受命于天，舜做到了完成天命，经历了很多凄苦的事，内心都没有改变。

王骀就是这样的人，稳如磐石，心如止水。少一只脚虽然让他没有颜值可谈，却足以让人静下来，如沐春风，空虚而来，充实而去。庄子为什么要写9个畸人形象？写他们的精神气质与德性魅力。他们对当代生活的启发在于，我们能否超越颜值层面，去关注人的精神，并且将精神作为内心看人的一个标准。因为颜值是天生的，是自己无法改变的，而精神与道性更多是后天修炼来的。尽管在庄子看来，美丑的标准是人定的，但你拿什么超越这芸芸众生的标准，真的达到逍遥？尽管在庄子看来，从天的角度来看，一切都是平等的，没有什么差别，但你拿什么来应对别人的尺子？毕竟我们还不是处在庄子笔下圣人、神人、至人、真人的境界层次。这个超越的路并不好走。

网上流行的话："你长得漂亮，所以你说什么都是对的。"漂亮真是一把利剑，威力无穷，不仅在学校里的各种选拔要看脸，找工作面试时要看脸，找对象更要靠脸了。这个是对人性的挑战，因为人性中有动物性。女性丰乳肥臀，是生育特征，能引起人的原始生育冲动，更有利于繁殖。所以，颜值尤其对女性的成功与择偶会有很大影响。为了平衡颜值的评价标准，网上又流行另一句话："主要看气质"，这被认为是丑人的自嘲。

走出颜值时代，是会到达人人都一样的智人时代，还是智神时代？赫拉利的《未来简史》也没能回答这个问题。我们对人的第一评判往往是颜值。颜值是个敲门砖，是第一道门。之后，人们才会看下去，去看一个人的内心、精神、思想等等。很多人在第一道门这儿就被挡在门外了。最近又流行的话叫"若有诗书藏于心，岁月从不败美人"，再美的人也终将老去，在岁月中能一直屹立的，必定是精神的修行与内心的历练。

走出颜值的时代，不是反颜值，而是将目光转向更深层的观看，看一个人独立思考的能力，生动有趣的灵魂，超拔洒脱的精神，冲破困局的智慧，那会是让人瞬间忘掉了形体而直面灵魂的激荡与感动。也许，这样的观看一直存在，只是在颜值时代被遮蔽了。

第三十六讲　走出颜值时代

申徒嘉是庄子笔下第二个非常精彩的人物。申徒嘉是郑国人，也是少了一只脚，他与子产一起跟从伯昏无人学习。子产是郑国大夫，身居高位。伯昏无人，从名字上就可以看出是个道家式的人物，但是虚构的。故事说的是，有一天子产对申徒嘉说："我先出去，你就留下；你先出去，我就留下。"因为他觉得和少了一只脚的身份卑微的申徒嘉一起进进出出比较没面子。

第二天，他们又在同一个屋子，合坐在一张席子上。子产又说了一遍："现在我要出去，你可以留一下吗？你见到我这个执政大臣还不回避，你把自己看得和我一样吗？"申徒嘉说："老师的门下有这样的执政吗？你身居高位就瞧不起别人吗？听说镜子明亮就不会落上尘埃，常和贤人在一起就不会有过失。今天你来老师这学习修身，竟然还说出这种话来。”

子产真的是照见人性，位高的人都不想和位低的人一起走。申徒嘉真的是不卑不亢，深深为老师有这样戴有色眼镜的学生感到无语。子产听完就怒了，他说：“你都这样了，还要和尧比比谁更善?”哪样了呢，申同学就是少了一只脚，可能是做了不好的事遭到刑罚了，也可能是被冤枉的，要知道那是个酷刑盛行的时代。子产说：“你也不看看自己的德行，还不自我反省一下?”申徒嘉说：“我不想对我失去一只脚的事解释太多，但我只能说这件事很无奈，我淡然地接受它，把它作为命运，这是有精神境界的人才能做到的。笑我只有一只脚的很多，我听了很生气，但到了老师这里，我的怒气全消了。这不是老师以善来教导我的结果吗？我在老师的门下已经学习十九年了，可是他从来没有感觉到我是少了一只脚的人。今天你和我一起来跟着老师学习修内在的精神与品性，你却在形貌上要求我，因为我的形貌而看不起我，这不是很过分吗?”

这就是很著名的话，“了与我游于形骸之内，而子索我于形骸之外”，形骸之内，就是内在的精神，形骸之外就是外表。据说子产很惭愧，脸色都变了。申徒嘉少一只脚，未必是德行不好，庄子从来没有从德行上批评这些人。遭受刖刑，是件很残酷的事，很多都是量刑过重。少了一只脚，在外形上肯定就不美了，所以，庄子把残形的人与丑陋的人都放在一篇中来写，用今天的话说，他们都是颜值不行，但充满精神的光芒。

颜值是这几年特别流行的一个词，与此相关的还有小鲜肉、流量小生、花样美男等等。之前有朋友和一位法师开玩笑说，你怎么这么帅，法师说："没办法，现在出家都要看颜值。"虽是玩笑，也足见颜值这个词的辐射范围。

以前看人的外表不这么露骨，现在摆在了桌面上而已。颜值的意思就是把你的脸称一称，看看值多少钱。这是计算化思维下一个生动的案例。与颜值相对的是一个人内在的思想与精神。为了与颜值平衡，又流行另外一句话："好看的皮囊千篇一律，有趣的灵魂万里挑一。"颜值不高的人在夜深人静的时候把这句话念十遍，似乎就安心了。颜值确实影响一个人的前途，甚至命运。

古希腊有个女子犯了渎神罪，被判了死刑，为她辩护的律师情急之下一把将她的衣服扯去，这个女子就赤身裸体站在了陪审团的面前，陪审团眼睛都看直了，律师说："你们忍心让这样的女神香消玉殒吗?"结果这位女子竟然因此被判无罪。

还有个传说，朱元璋的女婿欧阳伦，有一天竟然和四个妓女一起吃喝玩乐，朱元璋听后勃然大怒，就命手下把妓女们抓来准备处死。结果一看，竟把妓女们都放了。颜值成了一把重要的看人的尺子的时候，确实成就了一些人，也害了一些人。男人喜欢漂亮的女人，女人喜欢帅气的男人，是一种动物性的本能，丰乳肥臀或身材健壮能带来原始的生育冲动与性冲动，尽管现代人已经超越了繁衍的层面，努力上升到爱的层面了，但这种原始性冲动还保留在人性中。

人如何能超越颜值去看一个人的内在精神，精神的魅力能否冲破颜值的评判，而成为爱情的内核？这就是个有趣的问题了。庄子认为可以的，他笔下的哀骀它长得奇丑无比，但女人们争相要给他做妾，都不愿意做别人的妻子。反过来，应该也如此。但世俗中只有灰姑娘的童话是如此。很多女性主义都讨论过这个问题。波伏娃将女性定义为“第二性”，就指出了女性之所以为女性是被塑造出来的，女性没有美的义务，女性的美的尺度也不掌握在男性那里。“你负责貌美如花，我负责挣钱养家”的家庭结构已经行不通了。波伏娃选择了契约式的婚姻，就是对女性的独立性的捍卫，她的一生都没有把自己置于男性的评价体系中。克里希那穆提则把这种不受任何尺度约束的爱带到了宗教之爱中，尽管他没有这样标榜。柏拉图则将这种爱推向了精神之爱，精神与肉体彻底地二分了。可见，处理精神与肉体的关系很不容易。

学生中曾经流行一句话：“长得这么漂亮，还读什么博。”社会上也流行一句话：“明明可以靠脸吃饭的，非要靠才华。”

这都透露了人们被颜值这把尺子量时的优越或无奈的心理。精神是不是也可以很性感？一个人会不会爱对方的精神超过爱对方的肉体？会不会因为一个人精神的美而辐射到他的肉体，认为他的肉体也是美的？

灰姑娘的童话更多的是童话，青蛙王子如果不是王子，是否会有人爱上？这不是要将二者对立起来，而是颜值这个词本身都把人分成了漂亮和不漂亮这两类，而在今天成了愈加重要的量人的尺子。《简·爱》是非常典型的灰姑娘的故事，简，这个颜值普通的姑娘喊出了一句与申徒嘉一样的口号："我们的精神是平等的。"这段话感动过无数人：

> 你以为，就因为我贫穷，低微，矮小，相貌平平，我就没有灵魂、没有心吗？你想错了——我的灵魂和你一样，如果上帝赋予我财富和美貌，我会让你难以离开我，就像我现在难以离开你一样。可上帝没有这样安排，但我们的精神是平等的，就如你我都将走过坟墓，平等地站在上帝面前。

这段话真是山呼海啸、振聋发聩，像是女权主义的宣言。放在看脸的今天，多少人还能真的从心灵深处被打动？

我们再说另一个例子。玛格丽特·杜拉斯，法国女作家，她的《情人》一书获得了龚古尔文学奖。长相很女人，内心很凌厉，她是个到死还在爱着的女人，这一点足以让很多女性羡慕。她身上有很多女性内心深处藏着的野性与自由，妩媚而有力，冷漠而惊艳，把女性的原始的爱欲与性欲都写到了极致的一个人。《情人》最动人的开头第一段这样说：

> 我已经老了。有一天，一个男人主动向我走来，介绍自己，那是在一处公共场所的大厅里。他对我说："我认识你，永远都不会忘记。那时你很年轻，大家都说你美丽极了，现在我特意来告诉你，在我看来，现在的你比年轻时更美，你现在这张备受摧残的面孔比年轻时娇嫩的面孔更让我热爱。"

这时候的杜拉斯已经老了，66 岁的杜拉斯与 27 岁的安德烈亚相爱，饱受争议，但一定无关颜值。王小波曾赞誉这段话："无限沧桑尽在其中。"（《我的师承》）这段话感人就在于，有一种爱可以超越容颜而直抵精神的内核，这是在小说中，也是在现实中发生的。安德烈亚陪伴与照顾她生命的最后 16 年。

杜拉斯在《广岛之恋》中说："我喜欢你，多了不起的事啊！"这句话的分量很重，不是只靠颜值就能担得起"喜欢"二字的。今天对爱情的厌倦、怀疑或感到虚无，是不是因为爱情单薄得只剩下颜值了？是不是如作家雷达说的爱情被简单地缩略为性了？

杜拉斯说："一个人一生中所能发生的最糟糕的事，就是无法去爱。”这可能只是一个女性立场，却不是只关乎女性的事，而是全球的情感危机，就如德国哲学家韩炳哲在《爱欲之死》中说的那样。

最近讨论俞飞鸿的很多，她的生活方式比她的戏还有影响。她的思想盖过了她的美貌，她的态度让人看到了独立自由的女性身上那种淡定、从容。俞飞鸿漂亮，有名，不差钱，一直没有结婚，而且也不反对婚姻，她的节奏从来没有被外界带跑，就是之前讲的王骀“命物之化”的那个范儿。她的三句话超越了她的颜值给人带来的影响。她说：“我不是不婚主义，也不是单身主义。这些都是形式。”结婚与否，单身与否，实质内容应该是爱情。她说：“每个人都向往自由，这个自由不是行为上完全自由，对我来说，最大的自由是心灵上、精神上的自由。”这个很道家。爱情的实质是精神的自由，爱情终将与颜值无关，而与自由相伴到底。所以，若没有能保持自由的婚姻，她宁肯不选择婚姻。

她又说：“我不喜欢太多谈论男权女权，我觉得更多应该是平权，因为男人在男人的圈子里也有不平等，最后是人权，我们要有基本的人性的权利。”这就升华了。尽管颜值没有办法平等，但爱情面前人人平等；尽管爱情会受到颜值的干扰，但在尊严面前人人平等；尽管在尊严上受到等级观念的干扰，但在人格上人人平等。平等，是人应有的权利，认识到这一点，就是对人性最大的尊重。

《齐物论》里的齐美丑，《德充符》里的超越形骸的精神，都是越过颜值而去探讨人性上的平等。只有超越动物性的惯性与本能，这种人性的光芒才能照亮自己，温暖他人。

第三十七讲　比脚更尊贵的东西

这一讲我们讲另外两个残疾人，一个是叔山无趾，另一个是哀骀它。庄子说，鲁国有一个断了脚趾的人叫叔山无趾，用脚后跟走到孔子面前。孔子说："你不够谨慎，以前犯了过错受刑成了这个样子。现在才来请教我，怎么能来得及呢！"无趾说："我只因不懂事务而轻用我的身体，所以才断了脚趾。现在我来了，还有比脚更尊贵的东西在，我想要保全它。天是无所不盖的，地是无所不载的，我把先生当作天地，哪里知道先生是这样的人啊。"孔子说："我很浅陋。为什么不进来呢？说说你所知道的。"然后，无趾走了。孔子说："弟子们，要自我勉励啊，一个断了脚趾的人，还努力学习来弥补以前的过错，更何况我们追求德的人呢。"

叔山无趾说话不卑不亢，他失去了脚趾是因为犯了过错，受的刖刑，具体犯的什么错我们不知道，庄子列举的这些人，从来没有交代他们究竟犯了什么错，他一定是认为他们的错不至于受这么重的惩罚的。庄子对他们是同情的，并且将人们的注意点转移到了他们的德行上。

孔子批评他说："你怎么不早来找我学习，现在都犯错了，脚都没了，还来干吗？"但叔山无趾的心理素质非常好，他说："我脚没了，人还在，命也还在呢，我有的是机会去弥补我的过错。更重要的是，我的德还在呢。这个德，首先是保全自己的德，保住了命。其次是指我的精神还在，我依然可以活得很好。"叔山无趾应该是道家人物，他和老聃很亲近，他转头就告诉了老聃这件事。一般认为老聃就是老子。

他对老聃说："孔子还没有达到至人的境界吧？他为什么曾经恭恭敬敬地来向您请教呢？他还追求各种奇奇怪怪的名，他不知道至人把这些当作束缚吧？"老聃说："你为什么不直接告诉他死生是相通的，可与不可是一致的，解除他的束缚？"无趾说："这是天加给他的惩罚，怎么可以解除呢？"

这段对话非常有趣，它揭示了儒、道的不同之处。我们上一讲说，儒、道产生的时代背景相同，使命相同，但解决社会问题的方法不同。老聃说，孔子追求仁义礼智信这些美德，到处宣讲，其实自己就被这些道德条目困住了。要知道生死都是统一的，可也是不可，不可也是可，做事情没有一个统一的标准。老聃说你告诉他，他这样不够通透，要改啊。叔山无趾的回答很透彻，他说这是天对孔子的惩罚，他也没办法。可见，道家重视的是修心，心就是德。

另一个人物哀骀它是《德充符》里写得最生动、最有魅力的一个人。这是鲁哀公与孔子的一段对话中，鲁哀公说："卫国有一个面貌丑陋的人，叫哀骀它。男人和他相处，思慕他而无法离开。女人见了他，就请求父母说：'与其做别人的妻子，还不如做他的妾。'这样的女人不止十几个。没有听他倡导什么，只见他应和。他没有权力用来救济人，也没有钱财去让人吃饱，而且又面貌丑陋使天下人见了都感到惊骇，他应和而不倡导，他的见识不超过四方之内，然而能赢得女人男人们的青睐。他一定有异于常人之处。我召唤他来，果然面貌丑陋可以让天下人惊骇。但是和我相处不到一个月，我就倾慕于他，把国事委托给他，他淡淡地半天不回应，漠不关心像要推辞的样子。我觉得很惭愧，终于把国家委托给他。没过多久，他就离我而去，我很忧虑，茫然而有所失，好像没有人能与我一起以治国为乐似的，他究竟是怎样的人呢?"

哀骀它奇丑无比，但男人喜欢他，女人更喜欢他，国君也很喜欢他。国君将天下让给他，他都不想要而离开了，国君觉得拥有天下都没什么意思。你看哀骀它是何等奇特的人。

庄子没有直接写他的德，对他的能力、品性、境界只字不提，而完全从别人的反应、评价、感受来写他，手法非常高明。我们可以推测这样的一个人，对什么都是淡然的，没有什么欲望，但又是极有智慧的。他一定是已经做到了之前《逍遥游》《齐物论》中说的无己、无功、无名，并且生死齐一。他们失去脚或脚指头，为什么还这么潇洒呢？如果是我们，是不是一辈子活在自卑中？他们却把生死看得这么淡，肉体只是生的一个载体。

那么，老聃对叔山无趾说的“生死一条”，在现代如何理解？生、死真的有那么大的差别吗？死后的事我们并不清楚，所以成为人类探讨的最大的课题。死亡真的如庄子说的做梦一样吗？还是如全息生命理论专家刘丰说的，只是从一个维度的空间进入了另一个维度的空间了？或如佛教说的，死后继续轮回？

其实所有关于死亡的说法都只是一种死亡观，而非事实。罗伯特·兰萨，医学博士，被认为是世界科学家的一位领军人物。他认为爱因斯坦说的是对的，宇宙其实存在于我们的头脑“内部”，一切认识都是“心识”的参与。没有心识的参与，你看到的一切都不能呈现。死亡只是特定的时间和空间中的事。时间和空间并不是我们所认为的那种坚实、冰冷的客观物体。时间和空间仅仅是把一切整合为一体的工具。他说，一对处在银河系两端的纠缠粒子，为何会即刻连接在一起，就好像时间和空间并不存在。答案很简单，因为它们并非只是“在那里”，时间和空间仅仅是我们意识的工具。那么，死亡就是我们无法再用这个工具测量而已。死亡在一个“没有时间、没有空间”的世界里是不存在的，也就是说，死亡只是灵魂到了时间、空间之外，这就像列子御风而行，灵魂自由游走，十五天又回来了一样，死亡只是灵魂脱离了我们目前的时间、空间而不再回来，或以另外的形式回来而已。

持“多世界”观点的人认为，科学的每一种观测都对应着一个不同的宇宙，“多元宇宙”或“平行宇宙”存在着，而不是只有一个宇宙，像庄子说的“无极之外复无极”（《逍遥游》），宇宙是没有边界的，宇是空间，宙是时间。无限个宇宙同时存在，任何事都可能在“多元宇宙”中的一些宇宙中发生。在这种情况下，不存在任何真正意义上的死亡。就像庄周梦蝶一样，死后可能就像蝴蝶一样栩栩然地飞，它根本不知道自己是庄周，庄周也不知道自己已经变成蝴蝶了。

罗伯特说，生命有一个非线性的维度，它像一朵永不凋零的花，折返身姿，再次绽放在“多元宇宙”之中。生命确实很奇怪，不知道从哪里来，到哪里去。我觉得生命就像行走在没有边际的海里，死亡就像沉到了海底，消失得无踪无影。这没有边际的海就是时间。对于活着的人来说，死亡就是一个人失去了话语权，他将永远缺席表达，无法再表达他的感受、观点，无法再以任何方式参与这个世界的生活，而对死者而言可能什么也不意味。这确实是人类最大的谜。庄子笔下这些超越形骸的人，是因为他们心里装着更大的世界，看到生死齐一，就会觉得天下无大事了，谁会在乎一只脚或几个脚指头呢。死亡只给尚且活着的人留下不同程度的悲伤与怀念，对死去的人也许真的什么也不意味。

第三十八讲　命运中的八件事

下面是孔子与鲁哀公对哀骀它的谈论，涉及“命”这个概念，我们单独来讨论。刘笑敢先生认为安命才可以逍遥，在他最重要的一本著作《庄子哲学及其演变》中，把安命论放在逍遥论之前来讨论。安命是一种“德”，为什么呢？

孔子说：“我曾经出使楚国，恰巧见到一群小猪在刚死的母猪身上吃奶，一会儿就惊慌地抛开母猪逃走了。因为母猪不能对小猪再有任何感应，和从前不一样了。可见它们爱母猪不是爱它的形体，而是爱它的精神。战死沙场的人安葬时不用在棺材上加以修饰，被砍了脚的人不会爱惜鞋子，这都是因为失去了根本。做天子的侍从，不剪指甲，不穿耳眼；娶妻的人只能留在宫外，不得再为侍从。为求形体的完美尚且如此，更何况追求德性完美的人呢。现在哀骀它没有开口就能让人信任，没有功业就能得到别人的亲近，能让别人把国家委托给他，还怕他不肯接受，这一定是‘才全’的人。”那么，什么是“才全”呢？这也是庄子独特的概念。《德充符》说：

仲尼曰：“死生、存亡、穷达、贫富、贤与不肖、毁誉、饥渴、寒暑，是事之变，命之行也；日夜相代乎前，而知不能规乎其始者也。故不足以滑和，不可入于灵府。使之和豫，通而不失于兑；使日夜无郤而与物为春，是接而生时于心者也。是之谓才全。”

生死、得失、穷达、贫富、贤与不肖、毁誉、饥渴、寒暑，这都是事物的变化，命运的运行；好像昼夜交替一样，而人的智慧不能洞察它的开始。了解了这一点就不足以扰乱心性的和顺，不至于侵入心灵。使心灵和顺而安逸自得；日夜相继没有停息而随着万物保持和顺之气，心与外界感应而映射着四时的变化。才全就是能在纷纷扰扰中保全自己的德性，保持心气的和顺。

事物的变化，命运的运行，生来每个人这几样都不同，但后天会有改变。所以，中国人讲的命运，不是宿命，命不能改，但运可以改。孔子接下来直接升华到时间上来讲了，当然是庄子的思路，时间都不知道起点和终点，源源不断地这样来和去，人能做的是什么呢？就是徜徉于时间的河流中，与之相和，顺水而流。就像四季自然更迭，没有任何勉强，人心也不应该有所障碍，顺应自然就是保护自己的才，绽开自己的才，因此，“才全”就是你的才质保存得完备，才性完美，人与天通着气，无论经历了什么，都没有被改变。那什么是“德不形”呢？

孔子说：“水平，是水最静止的状态。它可以作为我们的准则。内心保持平静就可以不随外物而摇荡。德，是和顺的修养。德不流于外在有形的表现，与万物自然相合而不离。”德不形，也就是德充符，德充斥于内，自然流露出来。德不在于外在，所以《德充符》中的人物都是形残丑陋的，庄子把形完全解构了，为了把人的精神、德性的光芒更好地释放出来。

首先，要知道自己的命是什么？老子说：“知人者智，自知者明。”（《老子·第三十三章》）知道别人是智慧，知道自己是高明。孔子说“五十而知天命”（《论语·为政》），是真的知道自己适合做什么，能做到什么程度。自己的能力、局限在哪里，自己的使命是什么。

每个人来到世上都有自己的使命，什么是使命？就是使你这个生命有意义的事。你注定要做这个，并且能完成的，这是上天赋予你的。就像凡·高的使命就是把画画好，海子的使命就是把诗写好，玄奘的使命就是把佛经取回来翻译好。所以，安命不是不努力，而是找到自己的使命，对于使命之外的事就安了。对于使命本身，要付出全部的努力。使命之外，更复何求。凡·高无法求爱情，他临死的时候，对他的弟弟提奥说，爱情需要几分运气，自己的运气没那么好。海子无法求富贵，他的诗卖不了钱。玄奘无法求安逸，唐太宗多次劝他还俗或当官，他都不能，他需要在清净的地方翻译佛经，否则前功尽弃。那些知道自己使命的人，会拼尽全力把自己的使命完成，这就是马斯洛说的人的自我实现，这是最高价值。

其次，安命不是宿命。古希腊有个著名的俄狄浦斯的故事，俄狄浦斯被下了咒，说他会弑父娶母，最后怎么都没逃脱，还是弑父娶母了。庄子哲学没有这个，庄子说的是你出生时的贫富、贵贱、贤能与否是你决定不了的，饥渴、寒暑，这些是人一生都要面对的自然环境和生存需要，也是所有人都要面对的。但是贫富、贵贱、贤能与否，可以通过后天的行为去改变，它是动态的。所以，命是静态的，运是动态的，所谓时来运转。因此，庄子不悲观，庄子的安命是积极的安命，对人的才能没有设上限。到了郭象，郭象注《庄》的时候，更强调人的天赋秉性是改变不了的，所以，郭象认为小鸟与大鹏的境界一样，都是逍遥。

郭象认为“天性所受，各有本分，不可逃，亦不可加”，这就是“性分”。性分包括智慧、才能、形貌、道德，他认为这些都是天生就有定数的，一辈子无论多么努力也超不出上限。他说：“物各有性，教学之无益也。”又说：“言物虽有性，亦数习而后能耳。”（《南华真经注疏》）他认为，人的天生的才能多少是固定的，教也没有用。虽然这样，也是要后天的努力才能把这固定的才能发挥出来。这个理论有点吊诡的地方是，他可以把大鹏的努力包括进去，把庄子的安命包括进去，即当你飞到九万里高空的时候，郭象会说：你看，我就知道你有这么大的天赋。

郭象过于强调天生的很多东西不能改变，强调每个人有自己的性分，是消极的安命。庄子不设上限，让人无穷地挖掘自己的可能性。在这一点上，庄子的思想与海德格尔更接近，海德格尔也是认为人的存在就是无穷的可能性，一切皆有可能，未来完全是敞开的，也是无法提前预知的。

至于安命在前，还是逍遥在前，安命是不是逍遥的前提，我觉得因人而异。因为每个人在朝向逍遥的途中所遇到的障碍不同。对一个残疾人来说，需要先安命，接受自己的残疾，然后才能谈得上精神的逍遥。对于大多数人来说，安命的重点在于你是否知道自己的命，知道天赋予你的最好的东西究竟是什么，你如何发挥它，能发挥到什么程度。知道使命了，在完成使命的过程中，每时每刻都是逍遥的。

所以，《德充符》告诉我们，有道德的人，虽然形残，但能够做到安之若命，而把精力放在修德上。把身体的残缺看作大自然的命运，这样就不会去抱怨。如果能够安之若命，就不会在情绪上给自己带来痛苦，不会在乎身边的人怎么说。这些人捍卫自己的尊严，不是通过功名，而是通过真正的游于内在的“德”，与天合一，看淡人为造成的差别，而游于“同一”的境界。

重德不重貌，重神不重形。在现实中，能做到这样的不多。庄子的角度、观点与众不同。在今天，也依然有这样的例子，只是很少被发现而已。德胜于形，这一价值观是值得推崇的。庄子的观察是从现实生活中来，夸张的语言中透露出批判现实的精神。

第三十九讲　什么是真的健忘

人都倡导有情，而庄子独倡“无情”。庄子的“无情论”在魏晋时代得到热烈回响，成为魏晋玄学四大课题之一。那个时代的哲学家真是性情中人，可以把有情无情作为一个课题，点燃一个时代的学术热情。这段著名的无情论产生于庄子与惠子的对话，《德充符》记载：

惠子谓庄子曰：“人故无情乎？”

庄子曰：“然。”

惠子曰：“人而无情，何以谓之人？”

庄子曰：“道与之貌，天与之形，恶得不谓之人？”

惠子曰：“既谓之人，恶得无情？”

惠子问：“人原本是没有情感的吗？”这个问题的背景是，

上文庄子说：“有人之形，无人之情。有人之形，故群于人；无人之情，故是非不得于身。”（《德充符》）庄子认为，修行高的人，有人的肉身，但没有人的俗情。有人的肉身，所以和人相处在一起；没有人的俗情，所以不受别人的影响。他是在天人的框架中来看人情的，天是自然的，天没有情，如老子说的“天地不仁”，那么人情是怎么回事呢？

庄子回答惠子说：“是的，人本来没有情感的。”惠子说：“人如果没有情感，还叫人吗？”庄子说：“道给了人容貌，天给了人形体，怎么不叫人呢？”惠子说：“既然叫作人，人怎么能没有情感呢？”惠子很困惑，看起来很生气的样子。庄子就是要逼到惠子不能理解的时候才给出自己的解释。庄子说：“你所说的情，不是我所说的情。我所说的无情，不是说人没有感情，而是说人不应该以情伤身，情是指好恶，也就是爱憎，人应该顺其自然，不要为生命增加这些额外的东西。现在你把精神都用在追逐外物上，浪费精神，整天倚着树思考各种问题。天给了你形体，你却浪费在对坚白这些逻辑命题的思考上，不是太可惜了吗？”

庄子的解释中最重要的一句话是“常因自然而不益生”，生命的本然状态是没有这些额外的情感的，对人、对物太浓的情感都是一种依赖性，是衍生出来的。惠子的情感依附在名辩学派的那些逻辑命题上，思考得很累，所以庄子说这是浪费精神。

庄子的情，是个大概念，包含对外物的一切情感。庄子认为这些都是生命之外的，原汁原味的生命没有太甜、太苦的情。

到了魏晋时代，中国最钟情的一代出现了。庄子的无情论，成为当时人热议的话题，并主要限定在人的情感领域，而更关注人的喜怒哀乐之情。最著名的是王弼的观点。王弼是注《老子》的大家，中国哲学史上的短命天才，只活了23岁，他注的《周易》与《老子》至今还是权威注本，《老子》注更是至今无人超越。魏晋时期对“无情”的讨论最经典的是何晏、王弼，何晏主张圣人无情，王弼主张圣人有情，王弼认为：“圣人茂于人者神明也，同于人者五情也。神明茂，故能体冲和以通无；五情同，故不能无哀乐以应物。然则圣人之情，应物而无累于物者也。”（何劭《王弼传》）

圣人是修行最高的人，但也是人，不是神。何晏认为圣人没有普通人的情感。王弼则认为，圣人比普通人高明的是他的智慧，神明就是洞察阴阳有无，清醒透彻的智慧。圣人与普通人一样的是五情，就是喜、怒、哀、乐、怨这些基本的情感。圣人智慧高，所以能洞察一些现象背后的本质，能体会到万物的和谐，了解有生于无、有无相生这些道理，如此而已。但圣人有人的情感，所以在面对外物时不可能没有喜怒哀乐的。但是，圣人因为智慧高，驾驭感情的能力更强，所以能做到“应物而无累于物”，他们应对外物，但心不会累，也就是庄子所说的“物物而不物于物”。

但整个魏晋的格调与王弼不同，恰恰是将一个“情”字发挥到了极致，把“情”作为个性自由的象征，把“情”放在了最高的价值。当时在司马氏的高压政治下，生活中的尽情尽性成了他们唯一的宣泄，同时也是对礼教的反叛。他们吟啸竹林，喝酒弹琴，吃药裸奔，无视礼法，与美国 20 世纪 60 年代的“垮掉的一代”有相似之处。嵇康提出“越名教而任自然”(《释私论》)，竹林七贤、魏晋风度成为佳话，在中国文化史上，这种集体的“迷狂”高蹈，前无古人，恐怕也后无来者，《世说新语》专门记载了当时人的语言和各种行为艺术。阮籍与嵇康是最有代表性的两人。

阮籍能为“青白眼”，大家可能都熟悉，阮籍见到俗人就翻白眼，见到同道之人就给人青眼看，多么天真可爱。今天你不喜欢领导，你敢给他翻个白眼吗？据说有一次，阮籍的嫂子回娘家，阮籍还专门去与她告别，当时的人都讥笑他。因为古代是叔嫂授受不亲的，你看关羽都没正眼看过刘备的夫人，因为不允许，这叫礼。但是阮籍回答说：“礼这种东西，岂是为我们这等人设置的？”何等傲慢与洒脱。阮籍母亲去世了，很多人来吊唁，阮籍都没有哭，但等人走了以后，他吐血数升。可见情感之浓烈，但不喜欢按“礼”出牌。

嵇康更是一代男神，精神领袖。历史记载他“身长七尺八寸，风姿特秀”，“嵇叔夜之为人也，岩岩若孤松之独立；其醉也，傀俄若玉山之将崩”（《世说新语·容止》）。嵇康为人正直爽快，连喝醉都醉得很性感，像玉山将要倒下来，而不是烂醉如泥。嵇康不喜欢钟会，钟会去看他，他在树下打铁，理都不理，钟会只好悻悻而去。嵇康说，站住，你“何所闻而来？何所见而去？”钟会也很知趣，说：“闻所闻而来，见所见而去。”（《世说新语·简傲》）后来嵇康被钟会谗言害死了。嵇康为自己的真性情付出了惨重的代价。

这个时代用《世说新语》中的话就能概括了，叫“圣人忘情，最下不及情。情之所钟，正在我辈”（《世说新语·伤逝》）。圣人有情而能忘情，不会为情所伤。下等智慧的人根本不知情为何物。最钟于情的，至真至诚，就是我们这些人了。魏晋士人用高蹈的行为绽放了他们最宝贵的情感。

中国哲学家都不专门谈爱情，但在文学中从来不乏爱情的主题。这种情的价值在早期的《诗经》、汉乐府中都有体现。像《诗经》中的“辗转反侧”“寤寐思服”那是恋爱中的情，“所谓伊人，在水一方”那是想象中的情。汉乐府的《上邪》更是将男女之情写到了极致：“山无陵，江水为竭。冬雷震震，夏雨雪。天地合，乃敢与君绝。”比窦娥冤还神奇，江水干涸，盛夏飞雪，我才会与你分开，这种海誓山盟真的是撼动人心。情的价值，在文学中被抬到最高的就是《牡丹亭》与《红楼梦》了，汤显祖的《牡丹亭》说："情不知所起，一往而深，生者可以死，死可以生。生而不可与死，死而不可复生者，皆非情之至也。"《红楼梦》曾叫《情僧录》，把"情"演绎得淋漓尽致。情，固然是生命体验中极其重要的一部分。但是，情越深，越伤身害性，究竟是什么原因呢？没有伤害的爱可能吗？印度哲人克里希那穆提就认为，真正的爱是没有伤害的。

我们从庄子的无情，到魏晋的人情，继续收缩到一个具体的话题上，就是爱情。克里希那穆提的书是哲学性的治愈系作品，他在《爱与寂寞》一书中认为，占有不是爱，依赖不是爱，快乐也不是爱。人们往往是拿爱来填充自己的寂寞与空虚，逃避自己的孤独，满足自己的占有欲，于是必然会产生依赖、嫉妒、哀伤、仇恨等，这不是爱，只是一段关系。

人的内心不断产生嫉妒、羡慕、野心、成名的欲望和追求成功的迫切，这样的状态如何去爱？你爱的对象必然也会被纳入满足你的嫉妒、羡慕、野心、功名的一部分，那能是爱吗？所以，克里希那穆提说，你只有放弃这些嫉妒、羡慕、野心、迫切的功名心，你才会知道没有分离、没有距离、没有时间、没有恐惧的爱是什么。

或许有人会问：没有占有，没有嫉妒，没有伤害，那还是爱吗？似乎爱情就是要你死我活，就是要彼此占有，就是要相爱相杀。要知道，没有这些，不代表你不在乎对方，而恰恰说明爱得深。因为这是自由的爱。爱的本质应该是自由。我们在爱情中感到受伤、痛苦，那是因为我们想要从爱情中获得快乐，一旦当这种快乐不出现或不持续，负面情绪就迅速产生。

克里希那穆提说，爱情是祝福，不是快乐。当你对对方没有要求时，两个人完全自由的情况下，你的心灵是安静的。没有文字，没有符号，没有观念，没有要求，然后你会发现，一些东西会自动出现。就像陶渊明写的“悠然见南山”，爱情就出现了，或者，回来了。所以，爱不应该被裹挟在各种欲望、野心中，爱不是用来填补内心空虚的，一旦把爱当作实现你自己的工具，爱就死了，伤害与怨恨就出现了。“只有当心灵非常安静、无私、不以自我为中心的时候，爱才会来临……”（《爱与寂寞》）所以爱是最高的美德。

演员俞飞鸿在接受《十三邀》的采访时说：“不把情感、责任放在另一个人身上，自己累，别人也累。”这就是庄子的“无情”，她成熟的心智与淡定的气质确实配得上“女神”这个称呼。人生最重要的事是经营好自己的内心，独立、充盈，而不是找个爱的对象去补自己的匮乏。你自个儿的事还得你自个儿去成全，这条必须自己走的路谁也替代不了。这条路上的孤独，其实只是自己与自己相处的机会，是产生创造力的机会，它会让你遇见爱情，就像遇见一片云。

第四十讲　道是无情却有情

闉跂支离无唇这个人物也很特别，闉是卷曲、驼背，跂是跛足，支离是肢体残疾扭曲，该粗的地方细，该细的地方粗，无唇是没有嘴唇。简单来说，外貌丑陋无比。他去游说卫灵公，卫灵公很喜欢他；看到健全的人，反而觉得他们脖子又细又小。瓮盎大瘿也很特别，瓮是陶做的容器，大瘿就是大瘤子，瓮盎大瘿就是脖子上长着个像茶缸或水缸那么大的赘瘤的人。他去游说齐桓公，齐桓公很喜欢他；看到健全的人，反而觉得他们的脖子又细又小。

君王对他们都没有任何嫌弃，所以庄子说，德行好的人，人们会忘掉他们形体上的残缺。“人不忘其所忘而忘其所不忘，此谓诚忘”（《德充符》），这是核心句。人们如果不能忘他们所应该忘的，而忘了他们不应该忘的德，这才是真的健忘，德是道的体现。唯道不可忘，德不可忘，道与德具体体现为人的天性。

庄子认为，老天把你生成什么样不重要，重要的是你的德是什么样。德是后天修养。得之于天谓之德，越是自然，越是天然，越是好的。庄子说："所以圣人游心自适，智巧是妖孽，誓约是固执，道德是刻意，工巧是商人的行径。圣人不图谋什么，哪里用得着技巧呢？顺其自然，哪里需要固执呢？浑然处事，哪里用得着德行呢？不求谋利，哪里还用得着经商？这四样都是天养，天养就是秉承于自然。既然秉承于自然，哪里还需要人为的东西。"

以上都是讲"不忘"，不忘道，不忘德，不忘我们的自然天性。那我们看看，庄子让人忘的东西有哪些。可以说，贯穿《庄子》全书的就是"忘"，层层相忘，层层剥离，脱去一层层外衣，揭去一层层面具，剩下本然的面目。在功夫境界上的要求就一个字：忘。庄子"忘"的境界包括忘功名、忘自我、忘亲人、忘礼乐、忘情这五个层次，其中"忘情"最难，庄子两次说道："相濡以沫，不如相忘于江湖。"

第一，忘功名。《逍遥游》曰："无己、无功、无名"，到达无待逍遥。

第二，忘自我。《齐物论》中的南郭子綦，形神俱忘，与宇宙取得联系。

第三，忘亲人。外篇《天运》曰：“以敬孝易，以爱孝难；以爱孝易，以忘亲难；忘亲易，使亲忘我难；使亲忘我易，兼忘天下难；兼忘天下易，使天下兼忘我难。”这段话非常精彩，层层递进，观点独特。用尊敬的方式孝敬很容易，用爱孝敬很难。我们对父母表面的尊敬，唯唯诺诺，好像很听话的样子，这个容易做到，但我们真的爱父母吗？从父母的角度去理解父母，让父母安心，才叫爱。庄子又说，以爱的方式孝敬父母容易，但忘记父母很难；忘掉父母很容易，使父母忘掉我很难。忘掉父母，不是真的忘掉了，而是说让父母过得很安心，自己不用担心、牵挂，即《人间世》中讲的“不择地而安之”，不管父母在哪里，都让他们过得很好，自己就安心了，不用挂念他们。但是使父母忘记我就很难了，无论你在什么地方，过得怎么样，父母都担心你过得不好。庄子更进一步说，忘天下就更难了，天下不是功名，就是儿女情长，都是人生快乐的来源，谁能忘掉呢？庄子最后非常幽默地说，使天下忘我就更不容易了。你看，到今天，我们还在讲着《庄子》，两千多年了，人们还没有忘记他。庄子要是知道，一定会说：你们累不累啊，你去做就好了，不用讲我的。

第四，忘礼乐。《大宗师》中提出“坐忘”，一开始就是忘礼乐、忘仁义，然后身心俱忘。

第五，忘情。前面我们讲了“无情论”，无情即忘情。《大宗师》说：“相濡以沫，不如相忘于江湖。”这个是最难的。因为一个人可以没有钱，但不可能没有情，人从呱呱落地，就从妈妈的哺育中理解情了。长大后，更多是男女之情。爱情几乎是每个人都会经历的，是我们生活中最重要的一部分。

我们之前说无情是不被情所伤。但事实往往是，被情伤了后才能无情，才开悟了。不只爱情如此，亲情、友情皆如此。所以《红楼梦》的《好了歌》说：“世人都晓神仙好，惟有功名忘不了。……世人都晓神仙好，只有金银忘不了。……世人都晓神仙好，只有姣妻忘不了。……世人都晓神仙好，只有儿孙忘不了。……”因为忘不了，所以为了这些一辈子都很拼。拼到最后，发现一样都不是自己的。生时不能一直拥有，死后更不能带走。

以《红楼梦》为例，贾宝玉经历的就是从多情到无情的过程。贾宝玉是“情种”，把人世间的几乎各种情感都经历了一遍，弥补了自己无才补天的遗憾。情感之纯粹与丰富，文学著作中的形象没有超过宝玉的了。他的情感很丰富，有幻、有爱、有慕、有怜，只有与妙玉的情是“无情”，而让他在情上开悟了的是个小戏子——龄官。

宝玉经历了各种感情，先是悟了各有定分，情不能勉强，一执着，就成了悲剧。后来女孩们接连去世、离开，直到林妹妹去世，他出家，走向了彻底的无情，最终悟出个“大地白茫茫一片真干净”。这是从多情到无情，这条路走得很绚烂，也很辛苦。经历了各种情伤，才走到了无情，如果倒过来呢？先就知道大地白茫茫一片真干净，一切情起必有情终，一切勉强必有分离，一切占有必有失去，于是从一开始就无求地爱着，没有占有，没有依赖，那就是庄子的“无情”境界了，也接近佛家的境界了。

第六篇 《大宗师》

第四十一讲　吾爱真理，吾更爱真人

《大宗师》是专门讲“真”的，真人、真知。道家贵真，这是大家都知道的，但真人究竟是什么样的？不是人们所理解的简单的“天真”。真人，就是《齐物论》里说的“至人无己，神人无功，圣人无名”这个最高境界的人，与至人、神人、圣人可以并列的，道家修行最高的人。庄子一开篇就讲什么是关于天的知识，什么是关于人的知识。庄子说：

> 知天之所为，知人之所为者，至矣！知天之所为者，天而生也；知人之所为者，以其知之所知以养其知之所不知，终其天年而不中道夭者，是知之盛也。虽然，有患：夫知有所待而后当，其所待者特未定也。庸讵知吾所谓天之非人乎？所谓人之非天乎？

这段话有三个知识点：第一，第一句“知道哪些是天然的，哪些是人为的，这就是最高的智慧了”。一定要知道我们在世间不是只有人，还有天；不是只有自己，还有别人。天是天然，人是人为。天不是神秘的上帝，不是原始宗教意义上的神。天，在道家是指道，具体指道自然而然赋予我们的天性、天赋，这是最珍贵的。人，是人为的，比如各种道德伦理、法律制度等等，都是人制定出来的，是为了让人的群体活得更好，但不代表个体性，无法处理作为个体、孤零零的个人应该如何活。只有到天的层面，理解你与天的关系，你所呈现的、实现的、守护的都是天赋予的最自然的东西，人为的东西只是在社会中、在人群中活得更好的方便法门，它不是根本，不是究竟。一个人如果连自己怎么回事、是什么样的人、能做什么、喜爱什么都不知道，那随波逐流一辈子，也是可以的，只是很可惜，个体生命的意义与价值都没有建构出来，昏沉沉来，迷茫茫去。这样在智性与灵性上没有任何成长与觉悟。当然，人的成长与觉悟也是相对的，最高的觉悟是真人，他们完全了解关于天的知识，天然是个什么状态并且做到。

第二，他认为“用人所知道的养人所不知道的东西，享受天然的年寿而不至于中途夭亡，这是智者之所为”。你一定会困惑，我不知道的东西如何养？不知道的东西，就是天，就是道。我们用认知的方式能学到的都是知识，不是智慧。庄子的意思是，得把知识的积累作为方便法门，去领悟道，而不是只有知识，否则就是个书呆子，对生命没有什么好处。用《老子》的话说就是，“为学日益，为道日损”（《老子·第四十八章》），学习是学习知识，不断增加，用的是加法。为道，是学习智慧，不断减少，用的是减法。减少什么？减少欲望、偏见，去看世界，没有分别、没有障碍了。生命的滋养来源于天性的发挥，我们对道、天、天性不是完全不知，而是类似柏拉图说的在“知与不知之间”。如果完全不知，就不会有道、天、天性类似的这些概念，也不会有历代生命对此的追求，你也不会有真正的生命的动力。如果人在一些简单的生活法则、道德纲领、教条灌输下就能活好，就不会有哲学、艺术了。这些学问都是帮人超脱现实中的各种局限，去与更高的精神、灵性相契合，从而获得美感、舒适感、满足感，这才是生命前行的最隐蔽的动力。

第三，庄子又说：“哪里知道我所说的天然的不是人为的，人为的不是天然的呢？”他既说明了天人之分，又说明了天人之合。天人之分，是让人知道人还需要抬头看看天，看看浩瀚宇宙中有我们这个个体存在，不该稀里糊涂地过一生，得反思自己要怎么活。这就是要尽可能遵循自己的天性，通过自然天性的满足去洞察更广阔的宇宙。但这种天性常常是被遮蔽的，所以反省是常常需要的，就像苏格拉底说的“未经检省的人生是不值得过的”。但天与人又不是二元分立的，不是一辈子都达不到天、认不得天，而是在每个当下，达到自然的时候，都是与天一体。譬如你毫无目的地在安静的地方散步，你一个人面对大海时的思绪，你遇到天真的人谈了一场天真的感情，你在寺庙的暮鼓晨钟里突然悟到了生命的孤独与庄严，即使无人聆听，无人喝彩，无人知道，即使在一个寒冷的早晨，你依旧要完成自己应该完成的工作，为自己而做，为自己而活。人为也是天道，如果你为得自然的话。

庄子用了四段话去描述真人，非常精彩。他也很少会如此费笔墨去描述一种人。真人是庄子推崇的，真人的境界代表了道家最高的人格境界，为历代文人所推崇与模仿。后来阮籍的《大人先生传》、陶渊明的《五柳先生传》等都是对真人形象的继承。这几段话非常美，非常有诗意：

> 且有真人而后有真知。何谓真人？古之真人，不逆寡，不雄成，不谟士。若然者，过而弗悔，当而不自得也。若然者，登高不栗，入水不濡，入火不热。是知之能登假于道者也若此。

“有真人，然后才有真知”，这是关键点。西方亚里士多德主张的是“吾爱吾师，吾更爱真理”。真理是高高在上的，但是当代哲学就反叛了，对传统形而上学意义上的真理彻底地清理，产生了“语言学转向”，产生了现象学、存在主义、解构主义等等。这些学派都认为，原来根本没有一个现成的绝对真理。西方对人的恶认识得很清楚，对人的神性不抱希望，真理掌握在上帝那里。所以，后来尼采说“上帝死了”，康德也将对“物自身”的认识归于上帝，只有上帝才具有“智的直觉”。新儒家的大师牟宗三说不，你们西方只有上帝才有智的直觉，能认识最高的真理，我们中国人人都有智的直觉，这就是看你的心能修到什么样，心灵的功夫如何。牟宗三说，这个智的直觉，在中国儒家那里就是本心，善心，良知良能。在道家那里就是清净心，天真之心。在佛教那里就是你没有分别的空无之心。你真的能把心修到这份上，就会洞察真理，也就是庄子说的“无厚”之心，前面的《养生主》中分析过了。

那什么叫真人？庄子说：“古时候的真人，不反对少数，不自恃成功，不谋虑事情。像这样的话，错过了也不后悔，顺利得当也不自得。像这样的话，登高不会发抖，下水不会沾湿，入火也不觉得热。是智慧能达到道的层次才会这样。”这就是不以自我为中心的人，对待事情顺其自然不顺从别人，也不孤立别人。庄子又说：

> 古之真人，其寝不梦，其觉无忧，其食不甘，其息深深。真人之息以踵，众人之息以喉。屈服者，其嗌言若哇。其耆欲深者，其天机浅。

古时候的真人，睡着时不做梦，醒来时不忧虑，饮食不求甜美，呼吸来得深沉。真人的呼吸是从脚后跟运气，普通人的呼吸是用咽喉吐纳。屈服时言语吞吐，喉咙像受到了阻碍一样。欲望深重的人，天然的智慧就不够。最高的睡眠是无梦的睡眠，梦都不做的人，说明他零焦虑。我们之前讲过“焦虑这场瘟疫，你逃得掉吗”，作为一个现代人，都有不同的焦虑，那你一定会做梦的。焦虑是因为你有欲望。所以庄子说，欲望多的人，天机即天然的智慧就少。世界就这么公平。

古时候的真人，不知道悦生，不知道恶死。对生不感到欣喜，对死也不拒绝；无拘无束地去，无拘无束地来而已。不忘记他自己的来处，也不追求他自己的归宿。事情来了就接受，忘却死生而任其往复。这就是不用心智损害道，不以人为干涉自然。这就是真人了。这样的话，他的心里忘记了一切，他的容貌寂静安闲，他的额头宽大饱满。凄冷的时候如同秋天，温暖的时候如同春天，一喜一怒与四时相通，对任何事物都适宜而没有极限。

“真人”的特点用现代的话概括就是：不求生、不畏死、不伪饰、不算计、不宰制、不干涉、不破坏，与自然息息相通，生动、活泼、自然、真实、灵动、机敏、情趣。真人在小说中的形象就是贾宝玉、林黛玉这样，单说他们的长相，曹雪芹写的就是与自然合一，与四时相通，时刻感受着这个世界，敏感而生动的。

曹雪芹写贾宝玉："面若中秋之月，色如春晓之花，鬓若刀裁，眉如墨画，面如桃瓣，目若秋波。虽怒时而若笑，即嗔视而有情。……转盼多情，语言常笑。天然一段风骚，全在眉梢；平生万种情思，悉堆眼角。"（《红楼梦》第三回）从容貌上看，就是自然的。从表情、动作上看，更是生动真实的。曹雪芹写林黛玉："两弯似蹙非蹙罥烟眉，一双似喜非喜含情目。态生两靥之愁，娇袭一身之病。泪光点点，娇喘微微。闲静时如娇花照水，行动处似弱柳扶风。心较比干多一窍，病如西子胜三分。"也是完全自然的人，没有任何造作。这两个形象可以帮助我们理解庄子的"真人"。

第四十二讲　无梦的睡眠

庄子对真人有四段描述，都很精彩，前三段是讲真人无思无虑，顺其自然，这就是有修行的人。不仅在理性上洞察天道，而且在实际生活中也做到不被纷纷扰扰的人事所干扰，不被任何事情所束缚。人被束缚，是因为有求，而且是很多的求，很执着的求，时时刻刻都有执念：吃饭，要美味；睡觉，要舒服；找工作，要五险一金；交朋友，要对自己有利；结婚，要互惠互利；连出家，都要去个有名的庙。有道家修行的真人在现实生活中是什么样呢？

庄子说，圣人打仗，灭了敌国但不会失去那个国家民众的拥护。他的恩泽施及万世，而不认为是在爱人。真的仁爱是不分人的，是不刻意的，是顺其自然做到的。就像《老子》第五章说的："天地不仁，以万物为刍狗；圣人不仁，以百姓为刍狗。"很多人都误解这句话，以为老子是在讲不仁，在主张人不该仁。其实老子讲的不仁是不刻意施仁的意思，不偏爱什么，顺其自然地为，别人觉得你仁，那是别人这样看的。所以庄子说："以与物同一为快乐的，算不上圣人；有所偏爱的，算不上仁人；有意选择时机而行动的，算不上贤人；不懂得利害相通的，算不上君子；追求名誉而失去真性的，算不上士人；失去生命而违背真性的，算不上主宰者。像狐不偕、务光、伯夷、叔齐、箕子、胥余、纪他与申徒狄这样的人，都是被别人主宰的人，他们是把别人的安适当作安适，而不把自己的安适当作安适。"很多人辛苦了一辈子，甚至肯为了某样东西去死，在庄子看来，都是离开了自己的真性，被别的东西奴役了。

这也是我们之前说的"殉"的思想。《庄子》外篇的第一篇《骈拇》中说："自三代以下者，天下莫不以物易其性矣。小人则以身殉利，士则以身殉名，大夫则以身殉家，圣人则以身殉天下。"仔细观察芸芸众生，忙忙碌碌，都在"殉"，只有殉什么的区别，没有殉与不殉的区别。小人，就是心胸狭隘的人，就想着钱，想着计较，想着更多的名利；士，就是读书人，一辈子就是为了扬名立万，被人认可；大夫，是当官的，有家国情怀，一辈子都贡献给了家国；圣人，这里指的是儒家的圣人，他们一辈子都在指导天下，就像孔子周游列国一样，认为自己的主张最好，就用一辈子去推行。在庄子看来，这些都是被外物所异化，都是为了生命之外的东西而活，而没有看到活着的目的就是活着本身，不是为了别的什么，而是心灵安适就好。但这并不意味着什么都不做，而是自然而然地做，按自己内心的想法去做，不是为了获得什么。这样的心态，哪有不逍遥的呢？

那么，我们为什么而活？人所为的很多东西，名利声色、他人肯定、精神享受，无论什么，都是因为能带来快乐，尽管这快乐常常是以不快乐为代价。

各种“殉”，在犹太学者赫拉利的《今日简史》中都被称为一种价值观的叙述方式——“故事”（story），也就是价值观。人被各种“故事”怂恿着、激励着、保护着、说服着，乐此不疲地往前走。最高明的“故事”是宗教，宗教是智慧的，但信徒是依赖性的，宗教告诉我们一种最好的、最安心的生活方式，它是以“信”为前提的，超越理性思辨，所以影响很直观，影响力很大。次一级的是哲学，所谓的“三观正确”，读不读哲学都有自己的一套行为纲领、人生哲学。再次一级的是各种培训、营销，火车站的书店、书摊上都可以看到，都是救世主的感觉，庄子说“圣人不死，大盗不止”（《胠箧》），今天满街都是大师，也就说明社会乱了，乘虚而入的“故事”也就多了。这个问题上，我很欣赏徐静蕾接受采访时说的话：“我从不会指导别人怎么活，我自己的人生还没弄明白呢。”各种成功学、厚黑学、治愈系、心灵鸡汤都属于指导别人怎么活的一类。最次一级的是跟着明星走，追星、追剧、追同款，因为明星的“故事”拥有更多的粉丝，更多的追随者，这让人感到安全。我有一次在高铁上，旁边坐了个五大三粗的男人，在用手机看《延禧攻略》，没戴耳机，声音很大，他顾不得对身边人的打扰，完全沉浸在“故事”里面。视觉时代、媒体时代，人更难独立思考并解构所有的“故事”而树立自己的价值观。

庄子说“真人”样子很伟岸，没有畏缩，好像也有不足之处，但不觉得他承受了什么，承担了什么，不是意气风发，也不是忧心忡忡。他独立于人群，但又不固执，不是清高的样子。他心胸开阔，但又不浮华，不是一副浑不吝的样子，好像什么都无所谓。他精神爽朗好像满心欢喜，但举动又从容不迫，内心充实而面色可亲。他的宽厚的德行能吸引人，精神辽阔犹如天地，高迈而又不高调，沉默而又不闷骚，心不在焉像是忘了言语。他以法为主体，但是宽简；以礼俗为辅助，能通行于世间；以智慧顺应时世，完成生而为人必须做的事情；以道德为规准，但又不死板，就像与有脚的人爬上小山丘一样简单自然，人们却以为他们要很辛苦才能做到。

天与人是合一的，不管人们喜好还是不喜好，都是合一的；不管人们认为合一还是不合一，都是合一的。认为天与人是合一的，就和自然同类；认为天与人不是合一的，就和众人同类。不把天与人看作对立的，这就是“真人”。这其实讲的就是“道不远人”，人皆可成真人，只要你始终是以天道自然为指向。

当然，道家同样是一套价值话语，既有宗教气质又有哲学思辨，也脱离不了赫拉利说的“故事”。但道家没有任何勉强，而且语言极少，《老子》五千言，《庄子》几万字，没有任何多余的。我们研究道家的，只是经过自己生命的过滤与印证后，再讲给大家，同样没有任何勉强。是否认同，认同了是否会去做，都是自己选择的事。

真人有实修功夫。道教中的气功，或禅宗里的实修，都与老庄的功夫论相契合，只是老庄文本没有记录下具体修行的步骤。若要修行，只能在气功与禅修中找。当然印度还有冥想。从古至今，中国人大概就是这些功夫修行方式。

我们之前讲过，很多商界精英都会参加禅修，松下幸之助、稻盛和夫、乔布斯、马云等都有禅修经历，都赞同这样的文化传统与生活方式。我们之前也多次引用犹太学者赫拉利的《未来简史》，赫拉利作为大学教授、牛津大学历史学博士，也曾从禅修中获得很多启发。其实禅修一点也不神秘，与宗教也没有必然的关系，就是你静静地打坐，什么也不想。达摩面壁 9 年，我们能不能每天静坐 1 小时呢？连儒家的四书之一——《大学》

都说："定而后能静，静而后能安，安而后能虑，虑而后能得。"人只有静下来，心才能安定，才能做事，才能辨清方向，了解自己的生命是怎么回事，应该如何去活。这一思想，哪怕在古希腊也是一样的。

赫拉利 2004 年参加了 10 天的内观禅修课程，观呼吸，学会不控制，学会安住当下。他说：

> 虽然我读了那么多书，在大学上了那么多课，但对自己的心智几乎一无所知，而且根本没什么办法控制心智。……经过观察各种感觉的 10 天，我对自己和整个人类的了解可能要超过我先前所学。而且做到这点，无须接受任何故事、理论和深化，只要观察真正的现实就行了。我学到的最重要的一件事是，各种痛苦最深层的来源，就在于自己的心智。如果有什么是我想得却不可得，心智的反应就是产生痛苦。……禅修不是逃离现实，而是接触现实。

欲望得不到满足，是一切痛苦的原因。古人主张知行合一，中国哲学是拿来做的，不是拿来讲的。讲是为了让人懂，懂了去做，才能印证中国哲学的智慧。最简单的做法，是减少或升华人的欲望，在这个充满贪欲的时代非常不易。

保持真性人才善，真人无为故无累，情、欲、苦、乐，这些都是离开了本心，迷失了心智带来的。真正明白了，才会去修，不是节制欲望，而是升华欲望。这个欲望是对整个世界的承受、接受与享受，如湖南药山禅寺的祖师惟俨法师所说的，“云在青天水在瓶”，你看到的、感受到的、遇到的一切都刚刚好，没有分别，没有好坏，只有自在。所以，真人离我们不远，真人可以就是我们自己。真人理论也是一个“故事”，但这个“故事”更为真实。

第四十三讲　相濡以沫，不如相忘于江湖

“相濡以沫，不如相忘于江湖”，这句经典的话来自庄子，本义是指两条小鱼，快要干渴死了，用唾沫相互湿润让对方活着。庄子说，那还不如各自找到自己的江湖，自由自在地活着。这句话常常被用来说爱情，在一起艰难地相伴，不如各得自由，各自拥有自己的一片海。多少人被这句话感动，也带来很多对爱情与婚姻困境的思考。儒家是前半句，道家是后半句。儒家主张相濡以沫，夫唱妇随，执子之手，与子偕老。我们的上辈、上上辈基本上是这么走过来的，吵了一辈子，闹了一辈子，一起风风雨雨走到最后，相互搀扶看夕阳。但如今，自由主义是最重要的一种人文叙述，个体的自由更为重要，所以，相爱但不

相互依赖，不相爱就选择分开。忠贞不渝也好，百年好合也好，似乎也就成了祝福语。我们必须承认，这不是木心说的“一生只爱一个人”的时代了。很多学生都问过我：“我同时爱上两个人，我该选择哪一个?”信息时代，交往更加自由方便，只爱一个人并相伴到老的誓言，在今天不那么容易做到了。以前是找一个人去爱，今天是于茫茫人海中找一个爱人，精力都放在左挑右选、百般计较上了，而不是放在如何去爱上。

但是，庄子这句话原本并不是谈爱情的，尽管可以用到爱情上来分析。庄子这句话是在谈生死问题的背景下提出的，庄子说，死生是不可避免的，就像永远有黑夜与白天一样，这是天道。人有不能干预的，这是万物的实情。人们认为天是生命之父，而终身敬爱它，更何况那超绝的道呢！生死只是道的一个表现而已。庄子接着说：

> 泉涸，鱼相与处于陆，相呴以湿，相濡以沫，不如相忘于江湖。与其誉尧而非桀也，不如两忘而化其道。夫大块载我以形，劳我以生，佚我以老，息我以死。故善吾生者，乃所以善吾死也。

泉水干枯了，鱼就一同困在陆地上，用湿气相互维系，用唾沫相互湿润，倒不如在江湖中相互遗忘。这是讲生之不易，陷入世俗的纷纷扰扰，就像干涸的小鱼一样，永远不得解脱。所以庄子说，与其赞美尧而非议桀，倒不如忘掉这是非对立，而融入大道之中。

因此，“相濡以沫”这句话原是比喻世间的各种是非对立，思维、思想上的各种不通透。江湖象征道，不如从高远的道的视野来看问题，这样就忘掉是非对立了。庄子说人的一生，就是大自然赋予我形体，辛苦劳作，老时清闲，死时安息。因此好好地生活，也就是好好地对待死亡了。

这两段话完全是“向死而生”的超然与勉励。将它用在感情上也是可以的。我们之前讲过，庄子提出“无情”，他对待感情的态度非常明确，就是“不以好恶内伤其身”，因此，他也不会主张因为相爱而牺牲自由。庄子认为世间不可逃脱，关键是用什么样的方式与心态去对待。庄子说：

> 夫藏舟于壑，藏山于泽，谓之固矣！然而夜半有力者负之而走，昧者不知也。藏大小有宜，犹有所遁。若夫藏天下于天下而不得所遁，是恒物之大情也。特犯人之形而犹喜之。若人之形者，万化而未始有极也，其为乐可胜计邪？故圣人将游于物之所不得遁而皆存。善妖善老，善始善终，人犹效之，又况万物之所系而一化之所待乎！

把船藏在山谷里，把山藏在深泽中，好像是很牢固，但是夜深人静的时候大力士还是把它背走了，沉睡中的人丝毫不知。把小的东西藏在大的地方好像很安全，但仍避免不了会弄丢。如果把天下托付给天下，就不会亡失了，这是万物的实情。人能往哪里逃呢？就像《人间世》说的，“无可逃于天地之间”，所以，庄子从来都不是主张隐居的，而是把自己放心地交给全世界。“藏天下于天下”，恰恰是天下毫无遮掩的情况，坦坦荡荡去面对纷扰的世间，身在世间而心能逍遥，这才是庄子所提倡的。人们仅仅因为有了人的形体就很欣喜了，然而类似的形体多的是，千变万化，没有尽头，有什么欣喜的呢？圣人遨游于万物所无法逃遁的天地之间，并与之共存。玄同万物、冥一变化、与道同体，这才是真的快乐。

所以，庄子“相濡以沫”的话放在这个大背景中，你就会发现，他谈的是要超越是非、超越生死又不用避世的问题，如果能做到，那就是“相忘于江湖”了，这样内心也就是逍遥的状态，这样的人也就与天合一了，也就达到了真人的境界了。尽管这句话最初并不是用来讲爱情的，但事实上已被人们理解为爱情金句了，而且也符合庄子的思想。我们也来谈谈爱情那些事。庄子本人爱他妻子吗？《庄子·至乐》篇说：

庄子妻死，惠子吊之，庄子则方箕踞鼓盆而歌。惠子曰：“与人居，长子、老、身死，不哭亦足矣，又鼓盆而歌，不亦甚乎！”庄子曰：“不然。是其始死也，我独何能无概然！察其始而本无生；非徒无生也，而本无形；非徒无形也，而本无气。杂乎芒芴之间，变而有气，气变而有形，形变而有生。今又变而之死，是相与为春秋冬夏四时行也。人且偃然寝于巨室，而我噭噭然随而哭之，自以为不通乎命，故止也。”

庄子的妻子死了，惠子来吊唁，可见这是葬礼上的事，他看到庄子不仅没有哭，还叉开腿坐在那里敲着瓦缶唱歌。瓦缶是用陶土制作的一种打击乐器，不是家里的洗脸盆。有人说他在唱哀乐，肯定也不是，否则惠子不可能这么问他。他没有哭，也没有伤心的样子，很多人的解读是庄子很无情，肯定是与老婆没感情，终于死了，自己自由了。这显然是没有领会下文。

庄子说，妻子刚刚去世的时候，未尝不“概然”，“概然”即“慨然”，悲伤的意思，唏嘘感叹。但是他后来理性思考了，他说我们本来就是没有生命的，不仅没有生命，连形体也没有，不仅没有形体，连气都没有。在混沌之中，阴阳之气相交，慢慢产生了人，然后有了我老婆。现在她死了，不过是睡在了更大的房间，也就是回归大自然了，我还在这里噭噭地哭，不是太不通达了吗？

所以，我们很难判断说庄子不爱他老婆，如果不爱，哪来这个鼓盆而歌的行为艺术呢？恰恰是对她的死痛彻地思考过了，才故意做出这样一副与众不同的样子。这个行为艺术后来被争相效仿，尤其是魏晋时期。

但是，庄子的一生并没有被所谓的爱情系缚住。爱情作为人类重要的感情现象，究竟是否与自由矛盾？如何能各得自由地爱着，这才是现代人面临的课题。我们又不得不提到克里希那穆提了，他说，当我们说“我爱你”的时候，其实意味着我对你想要依赖与占有，也可以说意味着你需要对方来爱你。所以，爱情从一开始就是不自由的，但这不自由是可以升华的，那就是独立的爱。克里希那穆提认为独立的爱情是没有任何占有之心，没有任何目的的，所以平静、轻松、自由，也就不会出现“相濡以沫”的情况了。由于依赖、占有或任何功利目的而结合在一起的爱情，都像那两条小鱼一样活得无比艰辛。

鲁迅的小说《伤逝》就是个典型的代表。涓生和子君都是新青年，他们谈恋爱时子君就表示：“我是我自己的，他们谁也没有干涉我的权利！”这大概是每个独立的女性的心里话。他们确实做到了，不顾反对，建立家庭，但很快陷入家庭琐事，他们的爱情无法生长、常新，最后，涓生走了，子君死了。独立的爱情何其不易，它要经得住无穷琐事的磨炼与不同心性之间的磨合，事无巨细，日子长得没有尽头，“直到我们老得哪儿也去不了，你还依然把我当成手心里的宝”，这样的爱在现实中很难有。只有放弃幻想，才能扎根现实，人常常在这两难中蹉跎岁月。

今天越来越多的人选择独立的爱，而不是相濡以沫的爱，这其实是给鲁迅当年的思考一个当代的答案。相濡以沫固然温暖，但压抑的自由、以爱的名义而向对方提出的各种要求，又会让爱窒息，婚姻解体。很多时候，爱情不是死于不爱，而是死于太爱。

所以，如何让你的爱情与婚姻永远保持足够的自由，这才是关键。我们之前也说过契约精神，60 分的人设，对对方不要提要求之类，我想最重要的应该是庄子这里讲的“道”，当两个相爱的人各自有道，去追求更高的境界，追求与道合一时，他们就会更多地把精力与注意力投注在更高的目标上，而不是紧盯着对方。庄子说：“鱼相忘乎江湖，人相忘乎道术。”（《大宗师》）只有道是最完美的，不要在爱情与婚姻中幻想完美。再完美的对方，看久了，也满是缺点。所以，要选择相濡以沫，就要装聋作哑，难得糊涂。要相忘于江湖，就要心中有道，那是自由的实现，而不是无奈的相处。

第四十四讲　说不清，道不明

庄子最核心的思想都是从《老子》而来，但是继承得不动声色，大开其境，异彩纷呈，将《老子》的“道”完全落实到生活的各个方面来展开。不懂得《老子》，很难真正理解《庄子》。但《庄子》故事性强，注重个体的心灵状态，这个关注点与《老子》不同，《老子》主要是针对侯王而论的，对整个国家有整体的观照与指引，其问题意识不是个人的自由，而是整个国家、社会能否符合道，符合自然。《庄子》内篇中唯一一段专门写道的，很精准，完全抓住了道的特性，我们先了解这个，才知道庄子是如何将道放到人生论层面去讲的。他说：

> 夫道有情有信，无为无形；可传而不可受，可得而不可见；自本自根，未有天地，自古以固存；神鬼神帝，生

> 天生地；在太极之先而不为高，在六极之下而不为深，先天地生而不为久，长于上古而不为老。

这段话的句式就很特别，前面肯定后面否定，是不是与《老子》第一章的“道可道，非常道”一个风格？让人调动起常识，又打消常识，达到让人深思，让人好奇，让人进一步领悟的目的。这是因为“道”本来就很难言说。

庄子说：道是真实存在的，似乎什么也没做，完全是无形的；道可以传给人，但不是靠嘴说，可以领悟，却无法看见；它自己就是自己的根据，在没有天地的古老洪荒时代，它就存在了；什么鬼啊，神啊，天啊，地啊，都是它产生的；它在太极的上面但不能说它高，它在六合的下面但不能说它深，在天地之前就产生了但不算长久，比上古还年长但不算长寿。

什么意思呢？就是说，道不是固定的，道是充满变化的。道不是现成的，你越是想要抓住它，将它看清楚，就越把握不住它，因为道是无法被限定的。它是最自然的东西：可以说大，也可以说小；可以说深，也可以说浅；可以说古老，也可以说年轻。道不在一切的规范之内，这就是《老子》第二十五章说的“道法自然”。为什么呢？因为道在实际生命体验中，是由每个人自己的实践与证悟来开显的，即庄子说的“道行之而成，物谓之而然”（《齐物论》），道是在实践中慢慢走出来的，这个实践是先行的，理性的归纳是后行的。道，我们时时在体悟中，它是一切的生机所在。

所以庄子接着说："狶韦氏得到它，用来整顿天地；伏羲氏得到它，用来调和元气；北斗星得到它，永远不会改变方位；日月得到它，永恒运行不停息；堪坏得到它，可以进入昆仑；……没人知道它的开始，没人知道它的结束"。它是一切的灵魂与根本，也就是《老子》第三十九章说的"天得一以清，地得一以宁"的"一"。

《老子》提出了中国哲学史上第一个形而上的概念——道。从古至今，多少人痴迷于这个"道"的意思而不得，就因为"道"不是一个可以用概念把握的东西，与西方哲学中的柏拉图的"理念"、亚里士多德的"实体"乃至康德的"物自身"、黑格尔的"绝对精神"都不同。它是恍兮惚兮的，不能去把它说死了，但是可以领悟的，并能引领人走向更好的境界。对这种不可说的特性，《老子》中主要有三章的描述，第一章说：

> 道可道，非常道；名可名，非常名。
> 无名天地之始，有名万物之母。
> 故常无欲，以观其妙；常有欲，以观其徼。
> 此两者，同出而异名，同谓之玄。
> 玄之又玄，众妙之门。

道可以说，但说出来的不是老子所说的"恒常之道"，能说出来的都是有限的，能命名的都是会消失的。道，本来没有名字，是老子勉强给起的一个名字，老子讲了五千言，这五千言是方便法门。人在欲望少的时候，不带目的的时候，是能内观道的，这就是修行的层次了。中国不仅道家，儒家与佛家也一样，最注重的不是义理，而是修行。这也是中国哲学特殊并能延续到今天的地方，它是能让人受用的，自然无为、少私寡欲、返朴归真，这就是内观道的途径。达到了，心境是平静、安宁的，欢乐、活泼的，充满创造力的，这是人本然的状态。

《老子》第二十一章说：

> 孔德之容，惟道是从。道之为物，惟恍惟惚。
> 惚兮恍兮，其中有象；恍兮惚兮，其中有物。
> 窈兮冥兮，其中有精；其精甚真，其中有信。

具有“大德”的人，行动起来完全以“道”为依从。“道”这个东西，混沌模糊而又变化莫测。它恍恍惚惚，其中有征兆；它惚惚恍恍，其中有实物。它深远幽暗，其中却蕴藏着实情；这种实情非常真实，其中有可以信验的。

《老子》第十四章说，道这个东西，你看它看不见，这叫作“夷”；听它听不到，这叫作“希”；摸它摸不着，这叫作“微”。这三者无法深入追究，因此混沌合一而为“道”。它在上面不显得明亮，在下面也不显得阴暗，渺渺茫茫、绵延不绝，无法给它定名，又终究回复到无形无质的状态。这叫作没有形状的“状”，不见形质的“象”。这就是若有若无的“恍惚”。迎着它，看不见它的头；跟着他，看不见它的尾。根据自古以来的“道”，统御现今的万事万物，就能认识万物的本原，这叫作“道”的规律。

道“不可说”，就是不可用工具性的语言（如逻辑、概念）去说。工具性的语言是建立在主客二分之上的，人是主体（subject），所表达的东西是客体（object）。客体是站立在人之对面的东西或实物（entity），但道不是。道之“恍”“惚”“象”“物”“精”等都表明道是非现成的存在，非在手的状态。道的“恍惚性”，用现代哲学术语表达即“非对象性”（non-objectivity）。

道是主客未分的最初情境。语言则起于人对万物命名的需要，是后起的，是对象化思维的产物。而人类最深刻的现象、最终极的意义都是超越主客二分的认识论框架的。如果用一首诗来表达这种不可说的特性的话，就是这一首宋代女尼的悟道诗：

终日寻春不见春，芒鞋踏破岭头云。
归来笑拈梅花嗅，春在枝头已十分。

不能用认知的方式，而用体悟的方式去把握。人原本与道一体的境界会因“寻找”（主体挺立出来）而破坏。所以，“不可道”意味着三个含义：第一，不能用工具性的语言去说道；第二，道的恍惚性，非对象性；第三，如何说道：诗性的语言（poetic language）。古代哲人用诗性言说方式，比如老子用正言若反的方式，庄子用寓言、重言、卮言的方式，孔子用微言大义的方式。

洞察他们语言背后的道，体会主客未分的情境，与宇宙重新取得联系，这就是道境，也可以说是人的终极意义。牟宗三先生把道家称为“境界形态形上学”（《中国哲学十九讲》），也是从这个意义上说的。人与人如果说有比拼的话，比的不是钱，不是名，不是学历，不是能力，而是境界。真的到了一定的境界，各各不同，各美其美，各自满足，也就不用比了。

第四十五讲　化为弹弓去打鸟

庄子的死亡观是什么？之前《人间世》中提到过生死存亡是安命的内容之一，又分析过庄子鼓盆而歌的故事，庄子持“自然气化论”的生命观，主张一切生命都是从无而来，因气而成，生死都是时机，顺应自然就好。所以，妻子死了，他也不哭，这就像行为艺术，为了阐释自己的死亡观，未必是事实。《大宗师》提出“真人”，真人如何超越对死亡的恐惧？庄子有大量的文本来讨论。先是莫逆之交的故事：

> 子祀、子舆、子犁、子来四人相与语曰：“孰能以无为首，以生为脊，以死为尻；孰知生死存亡之一体者，吾与之友矣！”四人相视而笑，莫逆于心，遂相与为友。

莫逆之交是建立在道的高度，对生死的看法完全一致，超越生死，这继承了《老子》的“有、无”宇宙论的智慧，又很生活化，生动有趣。子祀、子舆、子犁、子来四个人相互谈论说：“谁能把‘无’当作头颅，把‘生’当作脊梁，把‘死’当作尾巴骨，知道生死存亡是一体的，我们就和他做朋友。”四个人相视而笑，内心相契，就互相做了朋友。后来就真的发生了朋友要去世的情况，庄子没有表现出任何的悲伤与消极，而是借此升华他的死亡哲学。

不久子舆生病了，子祀去看他。子舆说：“伟大啊！造物者，把我变成这样一个拘挛的人啊！”子舆腰弯背驼，五脏血管向上，脸藏在肚脐下，肩膀高过头顶，脖子后的发髻朝天。阴阳二气错乱不和。子祀说：“你嫌恶自己吗？”子舆说：“我为什么要嫌恶！假使造物者把我的左胳膊变成了鸡，我就用它来报晓；假使把我的右胳膊变成了弹弓，我就用它去打斑鸠烤了吃；假使把我的尾骨变成车轮，把我的精神化为马，我就乘着它走，哪里还要另外的车马呢。”这个心理素质真是了得，这是多么地顺其自然，无论发生多大的事，接受变化，应对变化就成了，不需要抱怨，不需要恐慌，这就是道行高的人。

子舆说：“人来到世上，是时机；死去，也是顺应时机。能够安心适时而顺应变化的人，哀乐的情绪就不能侵入到他的内心，这就是古人所说的‘悬解’，也就是解除束缚。那些不能自求解脱的人，是被外物束缚住的。人为不能胜过天然由来已久，我又有什么嫌恶的呢?”这是何其乐观通透的死亡观，死后无非就是化作大自然的肥料，又回到大自然中了，化成什么，就顺其自然吧。庄子的幽默是含泪的微笑，死后化成弹弓去打鸟。就是不管它吧，任由它吧，老子的自然是就整个天道规律来讲的，庄子的自然则是就人的天性的自由和生死的自然规律来讲。尊重天性，看淡生死，这就是顺其自然的最高境界了。

后来，子来又病了，子来也讲出了非常了不起的感悟。子来说：“儿子对于父母，无论走到东西南北，都是要听从吩咐的。阴阳对于人，不亚于父母；它要我死，我却不听从，那我就太无理了，它有什么罪过呢？大自然给我形体，使我生时勤劳，老时清闲，死时安息。因而妥善地安排我的生，也会妥善地安排我的死亡！譬如现在有一个铁匠正在铸造金属器物，那物突然从炉膛里跳起来说：‘一定要把我造成镆铘宝剑!’铁匠必会认为这是个不祥的金属。现在造化者开始范铸人的形体，那模型就喊着：‘变成人吧，变成人吧!’造化者必定会认为这是不祥之人。如果现在就开始把天地当作大熔炉，把造化看作大铁匠，那么到哪里不可以呢!”子来说完就酣然睡去，又自在醒来。

人总要标榜自己是人，把人之外的一切看成我们可以驾驭的对象，这是现代人的傲慢，是人类中心主义。在人中，又时时处处标榜自己，充满了占有欲的各种碾压，总是从证明自我的角度来肯定自己的存在，这是自我中心主义。庄子这个故事就是要打破人类中心主义与自我中心主义。之前已经提到“人相忘乎道术”，相濡以沫不仅是指情感层面，而是指超越是非的层面，最为升华的在于超越生死，这才是“忘”的内容与意义。庄子又讲了三个朋友的故事。

> 子桑户、孟子反、子琴张三人相与友，曰：“孰能相与于无相与，相为于无相为？孰能登天游雾，挠挑无极，相忘以生，无所终穷？”三人相视而笑，莫逆于心，遂相与为友。莫然有间，而子桑户死，未葬。孔子闻之，使子贡往侍事焉。或编曲，或鼓琴，相和而歌，曰：“嗟来桑户乎！嗟来桑户乎！而已反其真，而我犹为人猗！”子贡趋而进曰：“敢问临尸而歌，礼乎？”二人相视而笑曰：“是恶知礼意！”

这同样是体现自然的生死观。子桑户、孟子反与子琴张三人相视而笑，内心相契，于是相互做了朋友。不久，子桑户死了，还没有下葬。孔子听到了，就叫子贡去帮助办理丧事。子贡看到一个在编歌曲，一个在弹琴，二人合唱着：“哎呀桑户啊！哎呀桑户啊！你已经返回大自然了，而我们还在做凡人的事情啊！”这一段是以儒家为参照，更显示出道家生死观的洒脱。子贡把见闻告诉孔子，问道："他们是什么人啊？不用礼仪来修饰德行而放浪形骸，对着尸体歌唱而没有悲哀的表情，简直无法形容，他们究竟是什么人啊？"

孔子说："他们是方外之士，而我是方内之士。方外之士与方内之士不相干，而我竟然叫你去吊唁，这是我的固陋啊！他们正与造物者为伴，遨游于天地一体的境地。……借着不同的物质，聚合而成一个形体；遗忘内里的肝胆，遗忘外面的耳目；让生命随着自然的循环而变化，不知道它们的分际；安闲无系地神游于尘世之外，逍遥于自然的境地。他们又怎么能为礼俗而烦乱，取悦于众人呢！"

庄子继续借孔子之口讲自己的话，子贡说："那么，您遵从哪一方呢？"孔子说："从自然的角度看，我就像受着上天惩罚的人。虽然这样，我们应该共同追求方外之道。"子贡说："请问有什么方法？"孔子说："鱼相适于水中，人相适于道。相适于水的，挖个池子来供养；相适于道的，泰然无事而性分自足。所以说，鱼游于江湖之中就忘了一切而悠哉悠哉，人游于大道之中就忘了一切而逍遥自适。"学生子贡问："请问那些不合于俗的异人是什么人？"孔子说："与俗不同但与自然相应和。所以说，从自然的角度看是小人的，却成了人间的君子；从自然的角度看是君子的，却成了人间的小人。"

君子与小人的区别在心胸视野，一个深切地思考过死亡问题的人，才真的能善待此生，才不会计较得失。这依然是道理上容易，行动上困难，如何从每一件小事上求超脱、求升华才是庄子的精髓所在。

第四十六讲　为什么要反礼俗

《齐物论》中我们讨论过梦与醒，讨论过庄周梦蝶。死后如梦，无法揣测，故不必提前焦虑。醒觉是个过程，大觉而后知其大梦，每一层次的觉都超越了一个思维层次，而能站在更高的维度去看问题。过去无法回望，但未来不是虚空。这一点与佛家很不一样。

我最近在课上给学生讲到佛家的因果与转世说，有位学生说，对发生的一切接受就好，不必要用因果去解释。我说人总会追问为什么这么不幸的事情发生在了我的身上，佛家思想可能是为了安顿人心，才有了因果说与转世说，让人对不幸的事不要怨愤，对下一世有所期待，对此生有所感恩。学生说安命就好了，不管什么原因，已经发生了，那就接受吧。我突然想到，庄子的安命或许是更高的境界，安然接受，不问因果。这样想时，我把自己都惊到了。这太难了，安然接受发生的一切，包括事故、无常、离散、一切无法改变的不公平，或许，庄子才真的做到了不问因果，这才是真的安命。

这个思想是根植于庄子的死亡观，非常重要，庄子又讲了孟孙才的故事。你看，同一主题，庄子用不同的故事去反反复复讲，让我们开悟。这种写法与西方哲学很不一样，所以西方人很惊讶我们用生活中的故事就能讲出哲学道理，即便在古希腊，讲的故事也是神话故事居多。

这个故事是说，颜回问孔子说："孟孙才的母亲死了，他连眼泪都没有，心中不悲戚，居丧不哀痛。没有眼泪、悲戚、哀痛这三点，却以擅长处丧而闻名鲁国。这不是虚名吗？"孔子说："孟孙氏已尽了居丧之道，比知道丧礼的人要超出很多。丧事应该简化，只是世俗相因无法做到，然而他已经有所简化了。孟孙氏不知道什么是生，也不知道什么是死；不知道占先，也不知道居后；如果化为某物，也只是应付接下来不可知的变化而已。……像你梦作鸟在天空飞翔，梦作鱼在水底游玩。不知道现在谈话的我们，是醒着呢？还是做梦呢？忽然达到适意的境界而来不及笑出来，从内心发出的笑声来不及事先安排。听任自然的安排而顺应变化，就可进入寥远的纯一境界。"

有躯体的转化而没有精神的死亡，对应《老子》第三十三章说的“死而不亡者寿”，这应该是心学的开始，也是心学的最高峰。人活着时，心长在自己的身体上；人死后，心就化作精神传于后世了。老、庄相信人的精神力量，这个信念竟然无比强大，要读很多遍老、庄，很多年后才能体会到，以心印心，为其感动。

意而子见许由，许由曰：“尧何以资汝?”意而子曰：“尧谓我：‘汝必躬服仁义而明言是非。’”……许由曰：“噫！未可知也。我为汝言其大略：吾师乎！吾师乎！䪠万物而不为义，泽及万世而不为仁，长于上古而不为老，覆载天地、刻雕众形而不为巧。此所游已!”

大宗师的“师”到这里才真正出现。大宗师，就是指我尊崇的东西。它不是一个人，不是一个道理，而是大道自然。你可以做仁义的事，无为的事，无论做什么，要符合道。符合道则善。符合道才能谈自然。道是宇宙规律，至善原则，所谓上善若水。“自然”是具体的行为法则，是人的状态，是人天性的自由，符合道而保持本来如此的特性，这个就是庄子讲的自然，做到这个就是逍遥。

意而子去见许由。许由说：“尧教给你什么有用的?”意而子说：“尧对我说：‘你一定要实行仁义而明辨是非。’”许由说：“你还来这里做什么？尧既然用仁义给你行了黥刑，用是非给你行了劓刑，你怎么能够逍遥放荡、无拘无束地游于变化的境界呢?”意而子说:“虽然这样,我还是希望游于这个境地的边缘。”许由说:“不行。盲人无从欣赏眉目颜面的美好,也无从欣赏彩色锦绣的华丽。”

意而子说:“无庄忘记自己的美丽,据梁忘记自己的力气,黄帝忘记自己的聪明,都是在大道的陶冶锻炼中达成的。怎么知道造物者不会护养我受了黥刑的伤痕,修补我受了劓刑的残缺,使我形体恢复完整,随从先生呢?”许由说:“唉!这是不可知的啊!不过我说个大略给你听听:我的大宗师啊!我的大宗师啊!调和万物却不以为义,泽被万世却不以为仁,长于上古却不算老,覆天载地、雕刻各种物体的形状却不以为灵巧,这是游的境界啊!”《大宗师》最后一段再次讲到安命。

> 子舆与子桑友。而霖雨十日,子舆曰:“子桑殆病矣!”裹饭而往食之。至子桑之门,则若歌若哭,鼓琴曰:“父邪!母邪!天乎!人乎!”有不任其声而趋举其诗焉。子舆入,曰:“子之歌诗,何故若是?”曰:“吾思夫使我至此极者而弗得也。父母岂欲吾贫哉?天无私覆,地无私载,天地岂私贫我哉?求其为之者而不得也!然而至此极者,命也夫!”

我前几年读这一段时还觉得消极,好像很无奈,感慨抱怨,然后也只能安命了。但随着年龄的增长,阅历的增多,很多无常事情的发生,越发觉得安命是很了不起的勇气与境界,它超越了理性的认识与宗教的安慰，而用强大的心理与观照宇宙的视野悦纳了从出生开始就注定的死亡。

子舆和子桑做朋友。淫雨霏霏一连下了十天，子舆说："子桑恐怕病了吧！"于是带着饭送去给他吃。到了子桑的门口，就听到里面像是歌唱又像是哭泣，弹着琴唱着："父亲啊！母亲啊！天啊！人啊！"有时歌声微弱、诗句急促不成调子。子舆进门去，问道："你唱诗为什么是这种调子？"子桑说："我正想着使我到这般窘境的原因而不得其解。父母难道让我贫困吗？天没有偏私地覆盖着，地没有偏私地承载着，天地哪里单单会使我贫困呢？追究使我贫困的道理而得不出来，然而我到这般绝境，这是由于命吧！"

《大宗师》认为"真人"不受生死的困扰。如何面对死亡，是庄子关切的主题。生死问题不是人自身能控制的，何时生、何时死、生时的命运、死时的情景等等，都不是人自身能决定的。人不过是宇宙非凡造化中的一个产物，"大块载我以形，劳我以生，佚我以老，息我以死"，来到人世间完成一段历程。因此，"善吾生者，乃所以善吾死也"。庄子认为，人不必为死亡所困扰，自己不能决定的交给自然造化安排就好了，关键是要善待生。这与孔子的"未知生，焉知死"（《论语·先进》）的态度颇为相近，当然在具体如何"生"上，二者的观点是不同的。妄谈死亡或畏惧死亡都是没有必要的，关键是让生命过程从容中道，不偏不倚，顺其自然，活得洒脱。

据庄子后学记载，庄子本人就是参透生死的代表，庄子快要死了，弟子们打算厚葬他。庄子却说："吾以天地为棺椁，以日月为连璧，星辰为珠玑，万物为赍送。吾葬具岂不备邪？何以加此！"（《列御寇》）此与鼓盆而歌的精神一致，他认为大自然与我一体，日月星辰都是我的陪伴，何其富足，哪里还需要人为的厚葬，即便"在上为乌鸢食，在下为蝼蚁食"（《列御寇》），也是回归大自然，重新变成大自然中的一部分而已。

真人合乎道，道是天人合一的宇宙整体境界。庄子承认有一个创生之道，其"有情有信，无为无形；可传而不可受，可得而不可见；自本自根，未有天地，自古以固存；神鬼神帝，生天生地；在太极之先而不为高，在六极之下而不为深，先天地生而不为久，长于上古而不为老"。它本身是玄妙无比的，类似《老子》第二十五章提出的创生之"道"，创生万物，永恒存在。与老子不同的是，在庄子这里，本原之"道"更为明显地转化为与天合一的生命境界了，人可以学道、得道而成为真人、神人、圣人。学道要经历一个渐悟的过程，从"外天下"到"外物""外生""朝彻""见独""无古今"，最后到达"不死不生"。得道之人"色若孺子"，心如婴儿，天真自然，纯而不杂。

如果人凸显自己，就相当于在宇宙造化之大熔炉中锻造的某个人形，大嚷着"人耳人耳"，必为"不祥之人"。这是对人之自以为是、自我标榜、自我中心的讽刺与批评。万物平等，人不应该自以为是，更不应该以自我为中心，否则就是失“真”，偏离天道。真人安于大化、顺其自然，不怨天、不尤人，从容不迫、恬淡自然，像孟孙氏一样“不知所以生，不知所以死；不知就先，不知就后”。这样的心灵是敞开无碍、无所遮蔽、同于大通的。如果说这些是“乐天”的表现，那么，庄子最后讲的子舆看望子桑的故事就是“安命”的表现。人之一生的遭遇不是父母所赐，不是上天所赐，而是一个谁也预测不了的现象，真的知道了这一点，就会安然接受死亡。一切自然变化都是命，人投身于大化之中，安于大化流行，是“真”之至也。

第四十七讲　坐忘究竟忘什么

老子的功夫论是致虚、守静，庄子的功夫论是心斋、坐忘。心斋，在《人间世》中已经分析过了，让心斋戒，把心清空，屏蔽掉一切外来的干扰，心中没有杂念，没有成见，如气一般柔弱，这样才能与宇宙万物相通。

坐忘，是一种气功修炼的状态，也可以看作一个“忘”的过程，有不同的层次的“忘”，这段功夫论也是借助孔子与颜回的对话来完成的。颜回说：“我进步了。”孔子说：“怎样进步呢？”颜回说：“我忘掉仁义了。”孔子说：“很好，但是还不够。”过了几天，颜回又见孔子说：“我进步了。”孔子说：“怎样进步呢？”颜回说：“我忘掉礼乐了。”孔子说：“很好，但是还不够。”过了几天，颜回又见孔子说：“我进步了。”孔子说：

“怎样进步呢?”颜回说:“我坐忘了。”孔子惊异地说:“什么叫坐忘?”颜回说:“忘掉了肢体,去掉了聪明,离开了形体和智巧,与大道融为一体,这就叫作坐忘。”孔子说:“混同万物就没有什么偏好,参与变化就不会固执。你果真是个贤人啊!我愿意追随在你的后面。”在孔子的弟子中,孔子最喜欢颜回。所以,庄子在利用他们的形象来对话时,也都让颜回说出最高妙的话,代表自己主张的道家的功夫。

庄子反对的仁义,是虚伪的仁义,在战国时候经常被侯王利用的假仁假义,名义上的仁义,是一种道德教条。所以,第一步先忘掉仁义,忘掉社会塑造给你而未经反思的教条。第二步是要忘掉礼乐。礼,也是《老子》所反对的,第三十八章说:“失道而后德,失德而后仁,失仁而后义,失义而后礼。夫礼者,忠信之薄而乱之首。”道是最好的、最自然的社会礼序,上无为而下自然,没有教条也没有太多法则,当然这是最理想的状态。接着,是得于道的德,也就是学习圣人、学习天道、提升境界的社会。然后,是靠仁的道德来维持,仁心丧失了,就用义;义丧失了,就用礼;礼是最人为的东西,是外在的约束。老子认为,人心坏了,才会变成靠外在的束缚来生活。

庄子则提出了更高的境界,不仅忘掉了礼乐,还忘掉了自己的身心。身体忘了,外形忘了,聪明智慧忘了,才能与宇宙万物沟通。这与《齐物论》中南郭子綦的“吾丧我”非常像,就是形神俱忘。《老子》第十三章曰："吾所以有大患者，为吾有身。及吾无身，吾有何患?"我之所以有各种祸患、忧虑，是因为我有身体，人的一辈子大多数经历就用在满足身体之欲上，想来也真是可悲。一辈子忙忙碌碌，大多数人也就是为了吃好、穿好、玩好，相当于马斯洛说的几个生命需求层次中的最低层次——生存与安全的需求。仅仅这样都不容易，一辈子都在最低的层次上打转。所以，老子说，如果我没有身体，还有什么祸患呢?

没有身体当然是个比喻，说的是能否淡化身体之欲。道家又不同于清教徒，更不是禁欲主义。而只是看到了欲望，尤其侯王的贪欲带来的战争等社会问题，百姓的欲望带来的各种人生问题，故提倡对欲望的节制。一个有修为的人，一定是有自制力的人。很多人会说，自我控制还符合道家倡导的"自然"吗? 自我控制不是不自然吗? 这自我控制是经过理性思考后的一种自主的选择，而不是外在的规定、说教与勉强。

这一段在原文中稍稍靠前一点，与坐忘都是功夫。南伯子葵问女偊说："你的年龄已经很大了，而面色如同小孩，为什么呢?"女偊说："我闻道了。"南伯子葵说："道可以学得到吗?"女偊说："不，不可以，你不是学道的人。卜梁倚有圣人的才质而没有圣人的慧根，我有圣人的慧根而没有圣人的才质……我仍然持守着并教导他，持守三天而后能忘世故；能忘世故了，我再持守，七天而后心灵能不为外物所奴役；心灵不为外物所奴役了，我继续持守，九天之后就能忘了生死；已经把生死置之度外了，心境就清澈洞明；心境清澈洞明，而后能体悟独立的道；体悟独立的道，而后能不受时间的限制；不受时间的限制，而后才能没有死生的观念。让生命死灭与诞生的道不死不生。道之为物，无不是一面送着，一面迎着；无不是一面有所毁，一面有所成。这就叫'撄宁'。'撄宁'的意思就是在纷扰中保持宁静的心。"

南伯子葵说："你从哪里听来的道呢？"女偊说："我从副墨（文字）的儿子那里得来的，副墨的儿子从洛诵（诵读）的孙子那里得来的，洛诵的孙子从瞻明（洞彻）那里得来的，瞻明从聂许（耳听）那里得来的，聂许从需役（勤行）那里得到的，需役从於讴（歌吟）那里得来的，於讴从玄冥（深幽）那里得来的，玄冥从参寥（悟虚）那里得来的，参寥从疑始那里得来的。"

庄子起的人名都非常有意思，代表了文字、诵读、洞彻、耳听等方面，简单说就是五官的感知。然后上升到悟虚的层次，最后是从"疑始"那得到，"疑始"就是对宇宙的开始——道或无都是怀疑的，也就是消解宇宙起源的问题，追问到根源上去了，那个是道。它是老子强为之名的"道"，是传达他的思想的方便法门，借"道"这个字来讲宇宙规律、自然无为、人生修行等道理。所以，我们必须从最根本处了解功夫的含义与意义，当忘掉这些时，才能重新将生命安顿在宇宙之中，从更大的关怀去决定人生的进路。

当然，这样的功夫，不是一天二十四小时都在做的。出家人在寺庙里，静坐的功夫会多一些，尤其刚刚出家的时候，他们一个禅期，除了吃饭睡觉，几乎都在打坐，但也有动功，就是行禅，行禅与坐禅相结合。普通人打坐一天一个小时就不错了，大多数人下班后，到家就是看电视与看手机，认为这是一种休息，一种放松，其实身心都没有休息。弯腰低头，思绪纷驰，仍在接受大量与自己没有多大关系的信息，睡觉的时候都不安宁，白天的这些信息会自动组接，“其寐也魂交，其觉也形开”（《齐物论》），一般人就在夜里梦中的交战和醒来的各种操虑中度过大部分人生。

德国哲人海德格尔在《存在与时间》中把这个叫“烦”（Sorge），就是“操心”的意思。庄子的心斋、坐忘，就是要把人从这样的状态中拉出来，每天给自己一些静的时间，静能生定，定能生慧，身心一致。这是在现实世界完成的，“撄宁”是在纷扰复杂的现实中保持宁静的心，是了不起的处世智慧。

《我就是演员》这个节目中，有一个于和伟表演的短片，他演一个戏痴，这个戏痴喜欢演曹操，但公司不需要他演戏了，和他解约。他仍然穿着戏服，仍然念着曹操的台词，仍然把自己当作曹操，在公交车上都给大家表演，走不出这个演戏的梦。他妻子因此提出离婚，在民政局大厅他们有一段对话。他妻子说："你都四十岁了，还活在自己的梦里。"他说："难道我不能有一点理想吗?"最后他妥协了，说："别离婚了，我不演戏了行吗?"但他妻子转身对他说："你都四十了，不演戏，你还能干什么?"

很多人都想一生活在梦想中，不受外界的干扰。四十岁了，也还像孩子一样不想长大，不想面对现实生存的各种问题、家庭的责任等等。这样的案例非常多。人保持单纯，那是人的自然性，简单、直接。人承担家庭责任、社会责任，那当然不舒服、不自由，但那是人的社会性，获得的是稳定感、家庭的温馨感。要完全的自由，要么是原始人，要么是孩子，除了找吃的，其他时间都是自由的。所以，千万不要打着理想的名义逃避现实，并试图感动自己。

孔子说三十而立，是立在礼上，三十岁时真正明白推行礼是他一生要做的事情，要恢复周礼。我们后来使用"三十而立"，这个"立"变成成家立业的意思了，意味着结婚，生子，承担家庭责任。从人的内心成长来说，三十而立，意味着你必须知道自己究竟是不是天才，如果你是海子、顾城、凡·高这样的天才，确实有天赋，那可以沉浸在自己的世界中，不用投身于现实，应付社会中各种复杂的事情，让自己变得复杂。这样的人虽然带着悲剧性，带着似乎不可理喻的任性，但他们为人类贡献了精神财富。如果你知道自己不是天才，就老老实实去承担起一个普通人应该承担的责任，不能一边耗着家人的钱、爱人的情，以梦想为理由去逃避责任。

牟宗三先生在讲《红楼梦》的时候说，林黛玉与薛宝钗的区别究竟在哪儿？就在于黛玉比较自然化，宝钗比较社会化。黛玉真实，所以可爱。宝钗懂事，所以舒服。黛玉适合做知音，宝钗适合做妻子。其实我们一生都要在自然性与社会性的平衡中做人。不失自然的可爱，但也要学习实践的智慧，即庄子在《天下》篇中说的“独与天地精神往来，而不敖倪于万物，不谴是非，以与世俗处”。这样的两难，当然会耗费很多精力，但这样的人生不会拖累别人，在物质与精神上都不会给身边的人带来负担。在理想与现实的夹缝中开出一条道来，实现自己的才华，这才是“撄宁”的智慧。

——第七篇　《应帝王》——

第四十八讲　最好的管理是自律

应帝王，就是如何做帝王。在内七篇中，这是唯一一篇谈如何做帝王的。这一篇有三个非常重要的意义：一是反驳了很多人所认为的庄子只关心精神的逍遥，不关心现实世界；二是让我们看到不同于儒家以及其他家的对帝王的要求；三是提出了“内圣外王”的思想。《应帝王》曰：

> 啮缺问于王倪，四问而四不知。啮缺因跃而大喜，行以告蒲衣子。蒲衣子曰：“而乃今知之乎？有虞氏不及泰氏。有虞氏犹藏仁以要人；亦得人矣，而未始出于非人。泰氏其卧徐徐，其觉于于。一以己为马，一以己为牛。其知情信，其德甚真，而未始入于非人。”

《齐物论》曾有啮缺问王倪，三问三不知的故事，王倪是个妥妥的道家高人。这个地方更厉害了，问题升级了，四问四不知。具体问了什么，庄子此处省略了。但结果依旧是，他什么也不回答。啮缺却欢喜得跳跃起来，走去告诉蒲衣子。蒲衣子说："你现在知道了吗？有虞氏不如泰氏。有虞氏还标榜仁以笼络人心；虽然也能得人心，但是还没有超脱外物的牵累。泰氏睡时安闲舒缓，醒时逍遥自适。任人把自己称为马，任人把自己称为牛。他的智慧与德性是真实可信的，他从来没有受到外物的牵累。"

好的管理者，是自己不为外物所累。不标榜什么道德，也不滥用法制，这就是《老子》第五十七章的"我无为而民自化"，上行下效，心轻松的人，脑子才清醒，自己满脑子都是外物，都是功名利禄，好像天下是他自己的，尽可能从天下捞到好处，怎么会考虑到老百姓的死活？在《人间世》篇中，楚狂接舆已经出镜了，与孔子一番精彩的对话，是不折不扣的道家形象。这里再次出镜：

> 肩吾见狂接舆。狂接舆曰："日中始何以语汝？"肩吾曰："告我：君人者以己出经式义度，人孰敢不听而化诸？"狂接舆曰："是欺德也。其于治天下也，犹涉海凿河而使蚊负山也。夫圣人之治也，治外乎？正而后行，确乎能其事者而已矣。且鸟高飞以避矰弋之害，鼷鼠深穴乎神丘之下以避熏凿之患，而曾二虫之无知！"

这一段是整篇的点睛，治国，不是治国，而是治身；不是治人，而是治己。肩吾见狂接舆，狂接舆问道："日中始对你说了些什么？"肩吾说："他告诉我做国君的凭自己的意志制定法度，百姓谁敢不听从教化呢？"狂接舆说："这完全是欺骗人的。这样去治理天下，就如同在大海里凿河，使蚊虫背山一样。圣人治理天下，是用法度绳之以外吗？圣人是先正自己的性命而后感化他人，任人各尽所能而已。鸟儿尚且知道高飞以躲避网罗弓箭的伤害，鼷鼠尚且知道深藏在社坛底下，以避开烟熏铲掘的祸害，难道人还不如这两种动物吗？"

道家看到，光靠道德与法制是不行的。道德教化让人压抑自己，克己复礼，不够自然，时间长了自然会出问题。而且道德容易虚伪化，容易被利用，上面提倡什么，下面就会利用什么。学习雷锋好榜样，本是好的宣传，但就出现了小学生都在那一天争着扶老奶奶过马路，老奶奶都不够用了的情形；中学生都去敬老院争着给爷爷奶奶们洗澡，结果老人一天被洗了好几次。一旦大肆宣扬什么道德准则，就会被利用，就会变质。所以道家看到了儒家推行过程中的问题。法制是必要的，但法律制度过于严厉与琐碎，就会道高一尺魔高一丈，老百姓的机心更容易被刺激起来，想着法子钻空子。所以，老子说"法令滋彰，盗贼多有"（《老子·第五十七章》），法令越多，反而强盗也越多。且法制太死，与人情人性就越容易产生矛盾，就像古代典冠者负责管君子的帽子的事，韩昭侯醉寝，典冠者怕他冷，给他加了件衣服就被杀了。如果孩子大叫几声，就有邻居报警说这家虐儿，是不是每个家庭都活得很紧张？孩子是不是也没法管教了？

天根在殷阳游走，到了蓼水之上，恰巧遇着无名人而问道："请问治理天下的办法。"无名人说："快滚开！你这个鄙陋的人，为什么问这么让人不愉快的问题！我正要和造物者交游；厌烦了就乘着'莽眇之鸟'，飞出天地四方之外，而游于无何有之乡，处在广阔无边的原野。你又为什么拿治理天下的话来感化我呢？"天根又问。无名人说："游心于恬淡之境，清静无为，顺着事物自然的本性而不用私意，天下就可以治理好了。"

可见，庄子对当时那些昏君的憎恨。他根本不想讨论如何治天下，也由此可见庄子对有为的治理方式的讨厌。他与老子一样主张无为之治，阳子居去见老聃，问道："假如有一个人，敏捷果干，透彻通达，学道勤勉不断。像这样的人可以和明王相比吗？"老聃说："在圣人看来，胥吏治事为技能所累，劳苦形骸，扰乱心神。而且虎豹因为皮有纹所以招人来田猎，猕猴因为敏捷所以被人捉来拴住。这样，可以和明王比吗？"阳子居惭愧地说："请问明王怎样治理政事？"老聃说："明王治理政事：功绩泽被天下却不像是自己所为，教化施及万物而百姓不觉得有所依恃，他虽然有功德却不能用名来说，他使万物各得其所；自己居于变化之中，而游心于虚无之境。”

治理者的素质不体现在电视辩论上，而体现在你自身的素质和对待功名利禄的态度上。你执政的目的是什么？是真的想为老百姓做点事对得起自己的位置吗？是考虑执政能给自己带来好处，还是推动一个国家的进步，让生命更有尊严、更美好？庄子给我们的启发是这些，他主张在高位的人洁身自好，无私无欲，要珍惜这个位置而做一些有益苍生的事。

“阳子居见老聃”的故事则进一步深化了对内德的要求。“虎豹之文来田”一句，比喻明王之治是不用术而用道的，术只能招来更多的烦恼与祸患，而明王之治“功盖天下而似不自己，化贷万物而民弗恃；有莫举名，使物自喜；立乎不测，而游于无有者也”（《应帝王》）。他们不使雕虫小技、不招摇；不是宰制万物，而是让万物更好地按照自己的方式发展。这与《老子》第五十一章的“生而不有，为而不恃，长而不宰”的玄德思想完全吻合，这样的治理真正达到了“我无为而民自化，我好静而民自正，我无事而民自富，我无欲而民自朴”（《老子·第五十七章》）。庄子的“立乎不测，而游于无有者也”显然是从治国者的心境上说，而不是要放弃治国，放弃人世间的一切行为而出世。至多可以说，圣王是以出世之心做入世之事。圣王“无为名尸，无为谋府，无为事任，无为知主。体尽无穷，而游无朕”，无名、无谋、无事、无知；“至人之用心若镜，不将不迎，应而不藏，故能胜物而不伤”，他们以平静的心，从容不迫地治理万物，既不劳心，也不误国。这无疑是庄子所认为的治国之最高境界。

这几段揭示了《应帝王》的主旨——无为之治，主张帝王“用心若镜”，不干涉、不宰制，顺应人性之自然，以百姓心为心。一般认为庄子只关心如何实现内心的逍遥，而不关心现实中如何治国的问题，似乎庄子高高在上，不食人间烟火，这是个误解。《人间世》与《应帝王》显然是出于对现实政治的关心才写出来的。无为的思想来自《老子》，指自然而然、顺应万物本性、辅助万物生长和发展的治理方式，与儒家的德治、法家的法治不同。“内圣外王”的思想是庄子在老子“无为”的思想基础上提出的，强调通过“用心若镜”的修养将国家治理好。

第四十九讲　像伺候人一样伺候猪

《逍遥游》里出现过列子，列子驾着风，一飞就是十五天才回来，这是气功的境界。列子是精神的游走，入定时灵魂出窍，文献没有记载过他的身体飞走了。也有一些人练气功，希望真的练到身体飞起来，就像《天龙八部》里段誉的凌波微步。这里列子又出镜了，他的老师是壶子，他不知道老师的厉害，就观察老师是如何对付一个叫季咸的巫师的。巫师的形象第一次正式出现，在楚地文化中，巫术盛行，关于这个方面，台湾的杨儒宾教授有专门的研究。其实庄子在《德充符》中写了许多畸人，也是取材于巫师的形象。

庄子说，郑国有一个精于相术的巫人叫季咸，能够预言人的生死存亡、祸福寿夭，所预言的年、月、日准确如神。郑国人见了他都跑开了，太吓人了。列子见了他却很痴迷，回来告诉老师壶子说："原先我以为先生您的道最高深了，现在才知道还有更高深的。"老师听了这话肯定很崩溃，但不愧是道行很高的人，他平静地说："我教你的只是一些空洞的概念，真实的道理并没有传授给你，你就以为得道了吗？你以表面的道和世人周旋，必定会表露出来，被人窥测到你的心思。把他请来，看看我的相。"

这个很像写小说，故事性很强，在前面六篇中没有这么长的故事。第二天，列子邀请季咸来看壶子的面相。季咸出来对列子说："唉！你的老师快要死了，不能活了，过不了十天！我看他形色怪异，脸色如同湿的灰。"大家应该还记得《齐物论》中一开篇的南郭子綦，他的弟子问他说："你的形容枯槁我还能理解，你怎么能做到心如死灰呢？"那一定也是死人的样子，所以他的弟子发出这样的疑问。后来南郭子綦说，这是"吾丧我"，形神俱忘，进入入定的状态了，这是道家的气功，需要实修才能理解。

列子听了这话进去，哭得衣服都湿了，如实告诉壶子。壶子说："刚才我显示给他看的是心境寂静，不动也不止，他看到我生机闭塞。再请他来看看。"此后一天，列子又邀请季咸来看壶子，季咸出来对列子说："你的老师幸亏遇上了我！病好了，全然有生气了！我大概看到他闭塞的生机开始活动了。"这个算命先生很不客气，以为老师的生机重现，是自己的功劳。列子又进去了，如实告诉壶子。壶子说："刚才我显示给他看的是天地间的生气，名实不入于心，生机从脚后跟升起，他看到了我这一线生机。你再请他来看看。"这个人功夫很高，能控制自己的面色，静坐到不同的程度，就会有什么样的状态出现，而不像我们一般人，不会想有生机就有生机，想隐藏生机就能隐藏生机。

再一天，列子又邀请季咸来看壶子。季咸出来对列子说："你的先生精神恍惚，我无从给他看相。等他心神安宁的时候，我再给他看。"列子进去，告诉壶子。壶子说："我刚才显示给他看的是没有征兆的可见的太虚境界，他看到我气度持平的征兆。渊有九种，我才只给他看了三种而已。"

又过了一天，列子又邀请季咸来看壶子。季咸还没有站定，就惊慌失色地逃走了。壶子说："追上他!"列子追赶不上。回来告诉壶子说："不见踪影了，不知去向了，我追不上他。"壶子说："我刚才显示给他看的是万象俱空的境界，未曾显示出我的根本大道。我和他随顺变化，他捉摸不定，就像茅草遇风披靡，像水随波逐流，所以就逃走了。"

以上是描述气功过程，通过这个故事告诉我们，道是需要实修的，所谓与道同体，洞察有无，天人合一，随顺万物，都首先是当身体足够虚静的时候所产生的感受。从这种气功的状态出来后，才能更从容地应对万物。精彩的是结尾处：

> 列子自以为未始学而归。三年不出。为其妻爨，食豕如食人。于事无与亲。雕琢复朴，块然独以其形立。纷而封哉，一以是终。

列子这才知道自己没有学到什么，返回家中，三年不出门。替他妻子烧饭，喂猪就像伺候人一样。对于事物无所偏私。抛弃浮华而回归质朴，像木头块一样无思无虑。在纷纭的世界中持守真朴，终身如此。

这就是禅宗说的“无分别心”的状态。究竟什么是“无分别心”的状态？柏林禅寺原住持——净慧长老，虚云和尚的弟子之一，中国佛教协会原副会长，在《生活禅钥》一书中曾说，我们的一切烦恼和无奈，都是源自分别心，烦恼不是外在的，是自己的心的问题。分别心是对一切都做分别，定标准，就是我之前说的心中有个尺子，去量所有的东西，就会觉得不舒服。不如意，因为看到的都是差别，一辈子都活在这个不如意中。其实这是一种妄想，人的本心就被这种妄想遮蔽了。现在很多人有选择恐惧症，就是因为商品种类越多，花样越多，人的分别心就越重，越难选择。他举例说：如果你闭上眼睛摸一个东西，没什么感觉，睁开眼一看，原来是个话筒，你就想到这个话筒值多少钱？我能不能拿回家去？还有一个故事说，有些军人夜里行路，饥渴万分，看到一汪水就喝了，觉得太好喝了，第二天才知道，原来不是水，是马尿，他们就开始呕吐。东西还是那个东西，感受不同，就是分别心的作用。

智慧就是无分别心地看世界，一切没有本质的不同，美丑、得失都没那么大的区别。庄子《齐物论》说："恢恑憰怪，道通为一。"这个道就类似于净慧长老说的智慧，智慧是能从"一"的角度看问题，而不是从"异"的角度看问题。事物是多姿多彩的，只是生命样态不同，但没有价值、审美上的不同，人不应该产生那么多的偏见。你看癞蛤蟆不好看，它看人也不会觉得好看。分别心从根本上来自"我执"，一切以"我"为标准，去看一切事，而不是看事物本身，现象学说"回到事物本身"，就是透过现象看现象，不要加入人的主观意见，看看事物如何以其自身的方式显示自身。

净慧长老说："用智慧观照，而不是用识去分别，当我们用智慧观照世界的时候，一切都是那么美好、那么圆融。当我们用分别——就是一切从我出发的时候，一切都充满了烦恼——这个人对我好，那个人对我不好；这件事对我有利，那件事对我不利。从自我出发，是在用妄心片面地观察客观世界，并不是真正从一切事物的本来面目出发。"（《生活禅钥》）我们的偏见、成见，也是庄子《齐物论》所反对的，这些偏见、成见，有经验上、概念上、情感上、性格上等等，这样人生就会有很多烦恼。

《应帝王》开篇提出圣人的治理不是治外，而是治内，就是自律，去观察自己的内心，对自己的内心素养提出要求。那究竟是什么样的心灵状态才适合当帝王呢？庄子说：

> 无为名尸，无为谋府，无为事任，无为知主。体尽无穷，而游无朕。尽其所受乎天，而无见得，亦虚而已！至人之用心若镜，不将不迎，应而不藏，故能胜物而不伤。

这正是老子的无为思想。弃绝求名的心思，弃绝谋划的智慧，弃绝一己的独断，弃绝机巧的行为。体会着无穷的大道，游心于寂静的境界。承受着自然的本性，而不自我矜夸，这也是达到空明的心境。至人的用心像镜子一样，任物来去而不加迎送，如实反映而无所隐藏，所以能够胜物而不被物所损伤。圣人，即统治者、治理者、管理者，心应该像镜子一样澄澈。就像我们禅宗里面著名的五祖传衣钵时，神秀与慧能的偈子也能说明这一点。神秀说："身是菩提树，心如明镜台。时时勤拂拭，莫使惹尘埃。"人的身体是觉悟的根本，心应该像镜子一样明澈，照见万物。要经常擦一擦自己的心，不要让它惹上了尘埃。庄子笔下的帝王能达到这样就行了。但是慧能更厉害，他说："菩提本无树，明镜亦非台。本来无一物，何处惹尘埃。"这就是看空了，即便菩提、明镜也都是概念，是"相"，不执着于这些"相"才行。本来一切都是缘起性空的，心都是空的，尘埃往哪落呢？

《红楼梦》中薛宝钗与林黛玉也讲过这个公案，让人知道宝玉为什么听了“赤条条来去无牵挂”就悟了，当然这是渐悟，还没有彻悟。不仅心是空的，生命也是空的，是整个宇宙中机缘凑合而产生的物种，有什么可分别的呢？顺应大化，顺其自然，最高管理者若有这样的心，自然就不会把天下当成自己的，不会贪婪，不会占有。这个当然说起来容易，真的做到是需要身体力行的功夫的。

第五十讲　浑沌的天性凿不得

《应帝王》的最后，也是《庄子》内七篇的最后，庄子讲了一个浑沌的故事，像是一个概括和总结。浑沌是个被意外凿死的天才。浑沌本来是指宇宙，庄子却让它站立起来，成了一个活生生的人，幽默而沉重。这个故事说：

> 南海之帝为儵，北海之帝为忽，中央之帝为浑沌。儵与忽时相与遇于浑沌之地，浑沌待之甚善。儵与忽谋报浑沌之德，曰："人皆有七窍以视听食息，此独无有，尝试凿之。"日凿一窍，七日而浑沌死。

南海的帝王叫儵，北海的帝王叫忽，中央的帝王叫浑沌。儵和忽常到浑沌这里相会，浑沌待他们很好。儵和忽商量报答浑沌的美意，说："人都有七窍，用来看、听、饮食、呼吸，唯独他没有，我们试着替他凿开。”一天凿一窍，到了第七天浑沌就死了。上帝造人用了七天，我们的浑沌被凿死也用了七天。

浑沌，即混沌，本指宇宙最初的状态，即《老子》第二十五章说的：“有物混成，先天地生。”庄子这里巧妙地运用了“浑沌”，来比喻没有分化、没有分别的状态。儵、忽出于好意，把它凿开，参考的标准就是别人的尺子，别人都有七窍，有认识能力，浑沌没有，所以给凿出来了，然后浑沌死了。寓意深刻，发人深省。

“儵”与“忽”代表了工具性、目的性、对象性的存在，“浑沌”代表了自然性、无目的性、非对象性的存在，前者把后者作为改造的对象与目的，实现了“异化”，破坏了自然，扼杀了天性。从治国的角度看，其隐喻着“有为”治国的祸害，“有为”是根据一己之意的为，是常人思维的为，是破坏天然的为，因此是妄为。尽管初衷是好的，结果却是坏的。所以老子说“治大国若烹小鲜”（《老子·第六十章》），治理大的国家就像煎小鱼一样，不能翻来翻去，否则鱼儿会被翻烂的。“日凿一窍，七日而浑沌死”，这个悲惨的结局充分隐喻了“为政者今天设一法，明天立一政，烦扰的政举屡屡置民于死地”，这是庄子对战国时代有为之政带给百姓之痛苦的深刻反思。《老子》第二十八章说：“朴散则为器”，浑沌类似朴的状态，散开之后就落入器的层面，圣人之治就变成了百官之法，这样的治理无疑是低级的。为政者不要从一己有限的知识出发，而要“以百姓心为心”（《老子·第四十九章》），对一切对象化的客观知识保持怀疑，将自己的心修到非对象化的至虚境地，这样才是真正对百姓负责，才能真正治理好国家。

曹础基先生认为，庄子要强调的正是“事物的不可测”，这是因为道就具有不可测性。所以，他说：“统治天下不是靠才能智慧，而是要虚心若镜，无为而治。即‘立乎不测，游于无有’。季咸以能测知人的生死寿夭自我标榜，结果在壶子面前以失败告终，是‘可测’的破产，反证必须‘立乎不测’；儵、忽凿死了浑沌，是‘有为’的恶果，反证必须‘游于无有’。”（《庄子浅注》）

这个故事有不同的理解和诠释。刘笑敢先生说：“《应帝王》中浑沌开窍的寓言更彻底地否弃了耳目感官的认识作用。”（《庄子哲学及其演变》）他认为对“七窍”所代表的感官的否定，揭示了与常规认识方式不同的特殊思维。这印证了开头所说的“四问四不知”，常规思维所得到的知识是不可靠的，与认知思维不同的是直觉的思维、证悟的思维，它们与禅宗的思维是相契合的，也是我说的非对象化的思维。一认知，就有主体、客体，就有对立；一书写，就有书写对象，就有对立。突破二元论的对立，回到心上，当下彻悟，直抵心源，这就超越了感官的认识能力。

王博教授则从更普遍的意义上指出："浑沌是在儵与忽的善意中死去的，就像海鸟在鲁侯的善意中死去，就像人们在儒家的善意中经历磨难。无论如何，'凿'代表的都是对于对象的'粗暴的'改变。而在这种改变的过程中，我们总免不了以己度人，以自己的标准来塑造他者。当他者成为自己或者自己的影子的时候，他者就消失了，剩下的只是一个单调而苍白的世界。"（《庄子哲学》）这是从个性的角度去说的，当我们己所欲而施于人的时候，虽然出于善意或本能，但结果却破坏了别人的个性，每个人都变成一样的，世界变成平面的，个体性特征消失殆尽，这对于每个个体来说都是可悲的。人类但凡有了一点话语权，就容易成为那个"凿"人的人，家长"凿"了孩子的七窍，老师"凿"了学生的七窍，灌输给孩子、学生太多的知识，按照自己的意愿把他们塑造成一个"成功"的人，却没有塑造他们的品德与性情，没有尊重他们的个性与才能。这样的悲剧时常发生。

我认为，从教育孩子的角度来说，浑沌代表的是孩子的天性，不应该很早地让孩子知识化，学太多的东西，浑沌是天赋的智慧，是最有生命力的元气。幼儿教育小学化，小学教育中学化，太多的兴趣班、补习班，让孩子提前开发，其实就像催生出来的花一样，它谢得也快。孩子的天性、元气早早地就没了，就更容易出现之后的厌学、疲劳、抑郁甚至自杀等校园现象。就像小时候学的《伤仲永》的故事，仲永本来是个很聪明的孩子，父母带着他到处炫耀，最后成庸才了。那些赢在了起跑线上的孩子，为什么很多输在了终点，这是个值得思考的问题。这也不只是中国教育的问题。据报道，2016 年底到 2017 年初，纽约大学就有 5 名学生自杀。孩子硬撑着背起应试教育沉重的书包，硬撑着一步步去满足家长的虚荣心，硬撑着去上没有兴趣的兴趣班，他们完全不知道自己的脑子像浑沌一样正在被凿。

鲁迅曾在《狂人日记》中呼唤“救救孩子”，是要将孩子从传统异化的礼教中救出来。2019 年，五四运动一百年，在《庄子》的启发下，我觉得需要再呼吁一次“救救孩子”。学习本来是件快乐的事，却成了孩子与父母最沉重的负担；教育本来是教人知识、育人灵魂的事业，却成了流水作业线一样的大工厂生产，并且在校外有太多的商业教育机构大发横财。为什么孩子需要在校外学那么多东西？这是这几年最为惊人也最为荒唐的现象。原因不重要，重要的是未来的教育要往何处去。国学教育这几年被重视，但国学教育要做的第一件事是清理出哪些是好的，哪些是坏的东西，我们教给孩子的不能是不加去取的汉代以后异化了的儒家，否则培养出的是奴性，就等于历史又倒退了几千年。

道家的灵魂是自然，道家对保护孩子的天性具有重要的意义。前几日与研究教育二十多年的高僧明影法师聊天，他说："教育到了最危险的时候。"我认为从道家的角度看，以下几件事亟待解决，以应对危险：

第一，把孩子从起跑线上拯救出来。"不要输在起跑线上"其实是一句商业营销口号，是拿出锤子凿孩子们的天性时发明的最冠冕堂皇的理由，因为这背后有巨大的商业利益，让家长恐慌、焦虑，然后让孩子在无休止的兴趣班与补习班中失去天性。家长懒得教孩子，机构营销得好，学校摆脱过重的教育责任，孩子往兴趣班和补习班的教室一送，三方面的心都妥了。本来，这些兴趣与低年级的知识，受过高等教育的家长自己都能教的。终究有一天，发现孩子不爱说话了，不机灵了，不健康了，死气沉沉了，抑郁症了，便是庄子说的："其成也，毁也"。

第二，把孩子从手机中拯救出来。西方很多哲学家，比如胡塞尔、海德格尔等，20 世纪就开始反思技术，反对技术的滥用，非常忧虑未来，结果他们没能看到的今天真的成了值得他们忧虑的那个未来。要成就一个孩子很难，但要毁掉一个孩子很容易，给他一个手机就行了。手机带来的是感性的刺激，就是儵与忽所看到的，感官能得到极大满足的东西，它太神奇了，也太可怕了，庄子在《齐物论》中说"与物相刃相靡"，绝对想不到在今天就是指手机，每天与手机厮杀。大人都很难抵制自己被手机控制，何况孩子？手机的诱惑力不仅在于感官的直接刺激，还在于它是不需要智商的“小成本回报”，只要手指轻轻一点，就能看到大量好玩的东西，这是连几个月大的婴儿都会做的事。人受到各种声色的刺激会有快感，因此欲罢不能，这就是人很难放下手机的原因。大人还需要用手机处理问题，孩子则是贪恋娱乐的东西。学习的乐趣、知识的乐趣、运动的乐趣、交往的乐趣、思想的乐趣、美的乐趣，大概统统都要让位给触摸手机屏幕的乐趣了。

解决的方式只有一个，家长以身作则，少使用手机，建立家庭手机伦理，譬如吃饭的时候、交谈的时候、监督孩子做作业的时候、出去游玩的时候、坐车的时候等等，一律不要使用手机，尽量当孩子不在身边的时候再使用手机。家长如果都不能自律，孩子也就成为身心疲惫、缺乏创造力的低头族中的一员了。

第三，把孩子从压抑中拯救出来。听家长话，听老师话，我们的“听话”教育，让孩子不敢违规，孩子从一次次的“不能、不要、不可以”中感受着压抑。很多孩子多动症，或者喜欢大叫，课堂上喜欢走动，在人群面前过于表现自己，等等，其实都是压抑的宣泄。孩子的创造力恰恰是从调皮、违规、反叛中来的。

第四，把孩子从虚荣中拯救出来。各种竞争，各种评比，背后有太多家长用力的地方。现代教育很多时候不是在考学生，而是在考家长。加上自媒体时代，孩子的一点点成绩会被夸大，就像照相技术太发达了，孩子们被拍得那么美，那么帅，他们以为自己真的是那样的。名头越多，虚荣心越强，家长、老师共同用力下，他们才获得的奖项，却认为是凭自己的实力获得的，家长自欺欺人，孩子懵懂无知，当有一天孩子从良好的自我感觉与不切实际的自我评价、自我期待中摔下来时，就很难爬起来了。

第五，把孩子从“爱暴力”中拯救出来。一位北京大学的教授上课时对女生说：“中国未来的希望就在你们身上了，因为你们是教育孩子的主力，你们把对孩子的爱减少一半，下一代就有希望了。”前半句道出了中国母亲主导教育的模式，在国外我经常看到爸爸独自骑着车子，车子后面系着一个婴儿车，带孩子到处转。在中国，游乐场、学校等，你看到更多的是妈妈。《爸爸去哪儿》这个节目为什么一直很火，因为确实在中国的教育中，爸爸们不知道去哪儿了。这是第一个问题。

第二个问题是，在目前仍然以独生子女为城市主要家庭形式的状况下，爷爷、奶奶、姥姥、姥爷、爸爸、妈妈，6 个人的爱都倾注到一个孩子身上，看似一种爱，其实爱多了，就是一种暴力。这几年教育界讨论“爱暴力”的问题渐渐增多，“爱暴力”不仅带来了“妈宝”“巨婴”这样不能独立的人格，而且会成为他们一生中选择困难症与违意负疚感的罪魁祸首，一个时时刻刻被指导着长大的孩子，是不可能做出符合自己内心的选择的，而一旦他们在专业、情感、家庭、出国等方面的选择违背了家长的意志，他们就会有深深的负疚感，因为他们接受的爱太多了。家长因为生命的意义都寄托在了孩子身上，而不断对孩子进行“情感勒索”，让孩子一生都活在父母的情感与情绪的压力中。

最后我们对《庄子》内七篇做个总结，内七篇内容不多，但修行的路漫长。每一篇修行的重点都不同，概括如下：

《逍遥游》：修境——逍遥的境界

《齐物论》：修思——双遣的思维

《养生主》：修心——缘督的功夫

《人间世》：修身——实践的智慧

《德充符》：修德——精神的光芒

《大宗师》：修性——真性的自在

《应帝王》：修业——无为的方式

你读懂庄子了吗？你找到自己了吗？你能做到吗？

后　记

我们人生中遇到的几乎所有的问题，在《庄子》中都有答案。所以，这是一本一生都可以读的书，没问题时读着享受，如沐春风；有问题时读着受用，柳暗花明。但是，要得意忘言，穿越那些字面的晦涩，直抵自己的内核，五脏六腑都跟着震荡一下，你才能明白庄子。

大学时读中文系，开始接触《庄子》；十年过去了，才开始理解《庄子》；二十年过去了，才开始身体力行。中国哲学是用来做的，不是用来读的，知行合一，你就知道其中的妙处了。我研究道家，也尽量用道家的方式生活，简单、自然、真实，诗书为乐，几无外求，顺其自然，尽量避免物化、机械化、电子化与信息化对心灵的销蚀。只有当个体完全融入自然中，小宇宙与大宇宙合一时，才能领会道，这需要思辨，也需要功夫。在思辨上，庄子的“得其环中”“两行”“葆光”都超越了一般的二元论的思维，立于中空，超越是非，去除成心，从而能更完整地、更深刻地看待世间万物，洞察人情世故，独与天地精神相往来；在功夫上，庄子的“心斋”“坐忘”从身体上让人与更大的宇宙接通，小宇宙与大宇宙相通相合，才能有取之不尽、用之不竭的生命能量与开阔的人生境界。这两样，都比《老子》讲得更为通透、具体，并多了一些人间烟火的味道。

今天看似物质上狂欢，信息上自由，其实现代人有太多的焦虑、太多的悲苦、太多的压力，这些都被一个寸步不离的手机深深地掩盖起来了。人很难形成一个独立的精神世界，开阔的思维格局，宽广的心怀胸襟，去面对日益更新、极速运转的现实生活，真的是坠入了庄子所说的“与物相刃相靡，其行尽如驰而莫之能止”（《齐物论》）的境地。我们不是需要慢生活，而是需要真实的生活。我们不是需要静下来，而是需要无为而无不为，拎起一条生活的主线，一往情深地、乐此不疲地走下去。再多的事，也因为你的心魂守一而变得从容、简单和有趣。

人与人之间最大的隔阂在于每个人的心里都有一把尺子，每时每刻都在量别人或被别人量。这把尺子是你的成心、成见、标准或价值观，每一次量与被量都是一次伤害，或徒增烦恼。最可怕的是我们每时每刻也在量自己，害怕自己不符合社会的标准，家庭的标准，班级的标准，乃至一个小小的微信群的标准，怕被踢出，怕被孤立，怕自己内心的声音。我们在朋友圈里打造人设，在与人交往时如鱼得水，求生欲极强，内心极为脆弱。自由的背后是迷茫，忙碌的背后是惶恐，因为，尺子是会变的，你无论如何做，都迎合不了别人的尺子，也达不到自己的尺子的高度，这就是庄子说的："以物观之，自贵而相贱；以俗观之，贵贱不在己。"（《秋水》）别人的尺子你决定不了，自己的尺子永不满足。只有"以道观之"，才能发现"物无贵贱"（《秋水》），从而生活在一个"天地与我并生，而万物与我为一"（《齐物论》）的自然均等的齐物世界，一个逍遥的精神世界。

面对残酷的现实，庄子既能保持独立的超越精神，又能与世俗很好地相处，既不目无下尘，也不随波逐流，在纷纷扰扰的时代自由自在地完成一生，创造一生，这是值得今天学习的智慧。

这本小书是根据我的《庄子》五十讲视频课讲稿修改而成。我在中国人民大学开设《庄子》课九年，第一次通过视频的通俗方式向更多人讲述一个在学术基础上联系生活实际的《庄子》。讲课比做学术要自由、灵活，因为它直面一个个具体的面孔和鲜活的灵魂。该视频已在优酷、爱奇艺等平台上线，音频已在喜马拉雅、掌阅、有书等平台上线。这本小书付梓前，全网播放 1 000 万次了。我想数字并不代表讲得好，而代表有困惑需要解答。我希望通过视频、音频与纸本书的机缘，让更多人走向自己的内心深处，了解自己独特的生命纹路。那里可能鲜花盛开，也可能荆棘丛生，但庄子的智慧是一道光，只要你把尺子放下来，光就会照亮整个心灵，无畏荣辱，无惧得失，痛痛快快享受这有限的生命，珍贵的人间。

感谢中国人民大学出版社的杨宗元老师，对这本非名人的书的信心和毫无保留的支持，感谢符爱霞老师的精心编辑和最赤诚的鼓励；感谢《庄子》五十讲视频的制作公司鲸鱼领航，感谢总策划周向阳先生，策划曹林先生，制片李晓楠老师、谌聪老师，导演曾峥老师、何璐老师，摄影杨冰洁老师，还有赵易琛老师、黄颖老师、毛小玉老师、何圆圆老师、胡雪铮老师、陈雷老师、桃子老师，以及后期制作总监赵伟龙老师，这个年轻富有朝气的团队也给了我很多动力与启发；感谢李立立居士、周晓丽女士、许汉卿先生、笨笨博士对视频课的友情支持；感谢这九年来选修与旁听我的《庄子》课的所有学生。

最后，感谢庄子，他说“兼忘天下易，使天下兼忘我难”(《天运》)，我们对庄子念念不忘，是因为他戳中了每个时代的软肋，留下了超越时代的思考。念兹在兹，斯文永存。

林光华

2019 年 4 月 22 日

图书在版编目（CIP）数据

放下心中的尺子：《庄子》哲学50讲/林光华著. —北京：中国人民大学出版社，2019.8
ISBN 978-7-300-27144-6

Ⅰ.①放… Ⅱ.①林… Ⅲ.①道家 ②《庄子》-研究 Ⅳ.①B223.55

中国版本图书馆CIP数据核字（2019）第147998号

放下心中的尺子
——《庄子》哲学50讲
林光华 著
Fangxia Xinzhong de Chizi

出版发行	中国人民大学出版社		
社　　址	北京中关村大街31号	**邮政编码**	100080
电　　话	010－62511242（总编室）	010－62511770（质管部）	
	010－82501766（邮购部）	010－62514148（门市部）	
	010－62515195（发行公司）	010－62515275（盗版举报）	
网　　址	http://www.crup.com.cn		
经　　销	新华书店		
印　　刷	北京联兴盛业印刷股份有限公司		
规　　格	148 mm×210 mm　32开本	**版　　次**	2019年8月第1版
印　　张	11.375 插页4	**印　　次**	2023年2月第7次印刷
字　　数	197 000	**定　　价**	68.00元

守望者
The Catcher